만화로
배우는
엑셀

일러두기

＊이 책의 만화 부분은 일본 만화 순서를 따랐습니다. ①왼쪽 페이지에서 오른쪽 페이지로, ②한 페이지 안에서는 오른쪽에서 왼쪽으로, 위에서 아래로 읽어주세요.

MANGA DE MANABU EXEL
Written & Supervised by Sachiko Kimura
Scenario by Tsuneyoshi Akinai
Manga by Marina Sano
Manga produced by TREND-PRO
Copyright © 2018 Sachiko Kimura, Tsuneyoshi Akinai, Marina Sano, TREND-PRO
All rights reserved.
Original Japanese edition published by Mynavi Publishing Corporation

Korean translation copyright © 2020 by VISION B&P
This Korean edition published by arrangement with Mynavi Publishing Corporation, Tokyo,
through HonnoKizuna, Inc., Tokyo, and BC Agency

이 책의 한국어판 저작권은 BC에이전시를 통해 저작권자와 독점계약을 맺은 (주)비전비엔피에 있습니다. 저작권법에 의해 한국 내에서 보호를 받는 저작물이므로 무단전재와 복제를 금합니다.

만화 비즈니스 클래스 ❺

만화로
배우는
엑셀

기무라 사치코 글 | 사노 마리나 그림 | 아키나이 쓰네요시 시나리오 | 신현호 옮김

비전코리아

프롤로그

도쿄시의 고객 목록, 10분 만에 작성할 수 있습니까?

"도쿄시의 고객 목록을 지금 당장 만들어 와!"

상사에게 이런 지시를 받았다면 이제 엑셀이 나설 차례입니다.

엑셀은 마이크로소프트사에서 개발하여 판매하는 '스프레드시트 프로그램(표에서 수식 계산 등을 하는 프로그램을 통칭해서 말한다)'의 제품명입니다. 엑셀로 단지 계산만 가능한 게 아닙니다. 매출, 고객, 재고 등 수많은 영역의 데이터를 아주 쉽고 빠르게 관리할 수 있는 매우 우수한 도구입니다.

이런 사실을 모르는 사람은 없겠지만, 엑셀의 기능이 하도 방대하여 어디서부터 손대야 할지 몰라 고민하는 분들을 위해 이 책을 펴냈습니다.

이 책의 주인공 마이는 엑셀이라면 손사래부터 치고 보는 완전 엑셀 젬병입니다. 그런 그녀가 어떤 계기로 인해, 비서실 직원이라는 사실 말고는 아무것도 모르는 교코에게 엑셀 특훈을 받게 됩니다. 그렇게 하나하나 엑셀의 편리한 기능을 습득하면서 마이는 점점 엑셀에 능숙해집니다.

이 책에서 소개하는 내용은 정렬, 필터, 계산식, VLOOKUP 함수, 피벗 테이블, 차트 등 비즈니스 영역에서 엑셀을 사용하는 사람이라면 꼭 알아둬야 할 중요한 기능들입니다. 재미있는 만화로 먼저 흥미를 유발하고 알기 쉬운 해설을 통해 심화학습과 복습을 하는 구성으로 이루어져 있습니다.

  자, 이제 여러분도 마이와 함께 엑셀의 그 경이로운 세계를 체험해보지 않겠습니까?

기무라 사치코

차례

프롤로그 004
주요 등장인물 009
만화 마이의 엑셀 이야기-서장 010

1 우선 기존 파일을 가지고 응용한다

만화 마이의 엑셀 이야기 ❶ 022

CHECK POINT

거래처나 상품명 등 원하는 데이터를 추출하자 036
  필터로 '지금 원하는 데이터'를 나타낸다
  세상에 이런 방법이! 라이벌을 기죽이는 추출 테크닉

'정렬 기능'으로 원하는 데이터를 먼저 본다 044
  매출액은 '오름차순' 아니면 '내림차순'
  복잡한 표를 정렬할 때는 '추가 규칙' 설정

'조건부 서식'으로 중요 데이터를 놓치지 않는다 052
  조건을 만족시키는 셀에만 색을 채운다
  '상위 5위'나 '평균 이상'을 달성한 판매점도 일목요연하게

2 데이터의 정리정돈, 새로운 표 만들기

만화 마이의 엑셀 이야기 ❷ 060

CHECK POINT

'추가 작업'을 염두에 두고 표를 만든다 074
  '추출이나 정렬을 손쉽게 할 수 있는 표'를 만들자
  첫 행이 표의 시작 지점이다
  화면이든 인쇄물이든 항목명은 늘 표시되게 한다

데이터 정리는 하루도 거르지 말자 084
  사소한 표현의 차이에도 주의하자
  표현을 통일하려면 바꾸기나 함수를 사용한다
  표의 항목명은 가로 방향 혹은 세로 방향?

셀의 내용은 숫자인가, 수식인가? 092
  붙여넣기 했더니 알 수 없는 영문자가 표시되었다!
  계산 '결과'를 복사해보자

3 5대 함수만 마스터하면 두렵지 않다

만화 마이의 엑셀 이야기 ❸ 100

CHECK POINT

남에게 묻지 못한 수식 이야기 116
  수식과 함수는 어떻게 다른가?
  '매출목표 달성률'을 구하는 수식을 입력한다
  매출 구성비는 '절대참조'로 구한다

함수는 다섯 가지만 알면 된다 128
  업무가 빨라지는 함수 입력 방법을 익힌다
  우선은 기본편, 'SUM' 함수로 합계를 자유자재로
  중급편이 어려워? 조건에 맞는 데이터 합계는 'SUMIF' 함수로
  드디어 상급편! 'VLOOKUP' 함수로 자동참조 구조를 이해한다
  검색 방법이 '0' 이외인 경우는?

4 피벗 테이블로 수식이나 함수를 쓰지 않고 간단 분석!

만화 마이의 엑셀 이야기 ④ 148

CHECK POINT

데이터 집계의 끝판왕! 피벗 테이블 156
    피벗 테이블은 수식이 필요 없는 보고서 작성 도구
    우선 피벗 테이블을 만들어본다
    제목은 드래그로 정렬이 가능
    피벗 테이블에서 집계할 내용의 범위를 좁힌다
    보고서 내용의 값 영역을 '합계' 이외로 변경한다
    피벗 테이블을 갱신한다

5 숫자는 반드시 '시각화'하자!

만화 마이의 엑셀 이야기 ⑤ 174

CHECK POINT

필수 차트는 세 가지 최적의 종류를 선택한다 190
    '막대형' '꺾은선형' '원형' 중에서 적절히 골라 사용
    나란히 둘지, 위로 누적시킬지 결정
    설문조사에 유용한 '가로 막대형 차트'

차트를 만들 때 알아야 할 포인트 198
    셀의 '과부족' 없는 선택이 차트 작성의 비결
    차트의 종류는 언제든 변경할 수 있다
    요소 추가는 '+' 단추 클릭

셀 안에 직접 표시되도록 하는 '간편 차트' 기능 207
    '데이터 막대'와 '색조' 기능으로 숫자의 시각화

만화 마이의 엑셀 이야기-종장 210

주요 등장인물

에지리 마이

입사 2년차로 음료업체인 '주식회사 굿드링코'의 영업부에 근무. 밝은 성격으로 성실한 노력파. 사람과 어울리는 것을 좋아하여 영업을 지망했지만, 매출 등의 데이터를 다뤄야 하는 것은 골칫거리.

모리시타 교코

입사 10년차로 '주식회사 굿드링코'의 비서실에 근무. 엑셀 전문가이지만, 평상시에는 능력을 숨기며 지낸다. 엑셀 때문에 곤란을 겪는 직원을 보면 그냥 내버려두지 못하는 성격이다.

이토 나오토

마이의 남친, 웹디자이너.

오니시 나카토시

입사 6년차, 마이의 영업부 선배.

닛타 신지

영업부 과장, 마이의 상사

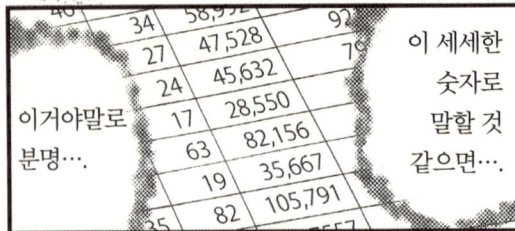

1

우선 기존 파일을 가지고 응용한다

CHECK POINT

거래처나 상품명 등
원하는 데이터를 추출하자

필터로 '지금 원하는 데이터'를 나타낸다

 마이를 위한 엑셀 강좌가 시작되었다. 우선은 수중에 있는 표에서 원하는 정보를 정리하거나 보기 쉽게 가공하는 방법을 알아보자.

 매출일람표에서 도쿄시에 있는 거래처의 판매 데이터만 보고 싶을 때는 필터 기능을 활용해야 한다. **'필터'란 일시적으로 필요한 데이터만 추출해주는 기능이다.** 필터가 실행 중일 때는 불필요한 데이터가 배후에 숨겨져 외부로 드러나지 않는다. 그렇다고 데이터의 행이 삭제된 것은 물론 아니다. 그러니 마음만 먹으면 원래대로 되돌릴 수 있으니 얼마나 편리한가. 그렇다, 필터 기능을 사용하면 **하나의 표에서 여러 형태의 다른 표를 만들어낼 수 있다.**

 특정 아이템에서 추출하려면 마이가 했던 것처럼 마우스의 오른쪽 단추를 클릭해야 한다. '도쿄시'라고 입력돼 있는 임의의 셀에서 마우스 오른쪽 단추를 클릭하여 '필터' → '선택한 셀 값으로 필터링'을 선택하면 도쿄시의 판매 데이터만 표시되어 나타난다.

그런데 좀 더 복잡한 조건으로 추출해야 할 때도 있다. 그럴 때는 제일 먼저 필터 단추라는 것을 생성시켜야 한다.

우선 대상이 되는 표 안에서 임의의 셀을 하나 클릭한다. 필터를 설정하는 표의 범위를 엑셀에 알려주는 신호이다. 일반적으로 표를 선택할 때는 원하는 범위를 드래그해 지정하지만 여기서는 표 안에서 임의의 셀을 클릭하는 것만으로도 엑셀은 표의 범위를 전체로 인식한다. 이와 관련해서는 2장에서 자세히 설명한다.

필터 단추를 생성시킨다

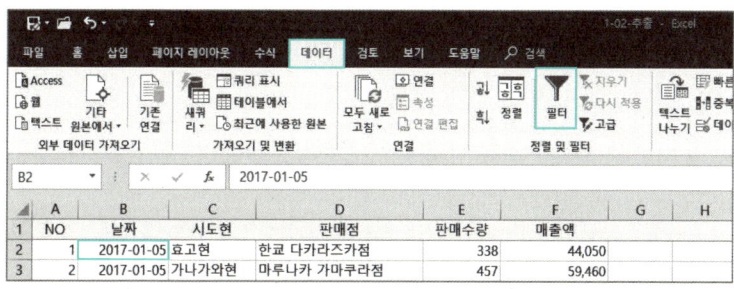

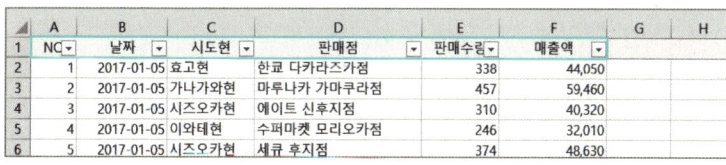

표 안에서 임의의 셀을 클릭한 다음 '데이터' 탭의 '필터'를 클릭하면 제목 행의 각 항목명 옆에 ▼ 가 생성된다.

체크란을 사용하여 원하는 데이터 추출

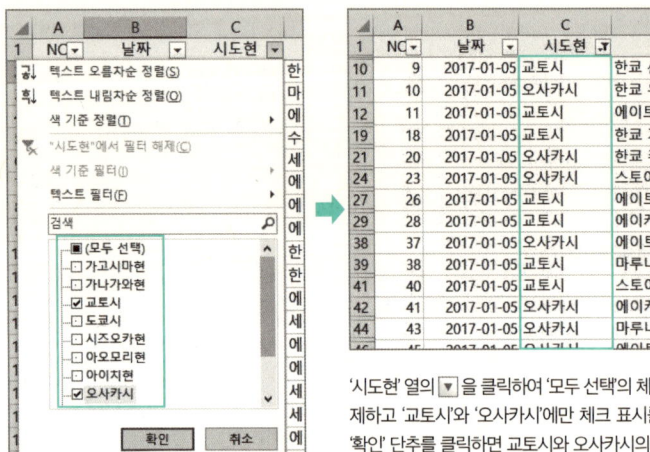

'시도현' 열의 ▼을 클릭하여 '모두 선택'의 체크 표시를 해제하고 '교토시'와 '오사카시'에만 체크 표시를 넣은 다음 '확인' 단추를 클릭하면 교토시와 오사카시의 판매 데이터만 추출할 수 있다.

이어 '데이터' 탭의 '정렬 및 필터' 그룹에서 '필터'를 클릭하면 제목 행의 각 항목명 옆에 작은 단추 ▼가 생성되는데, 이것을 필터 단추라고 부른다.

준비가 되었으면 이제 오사카시와 교토시에 있는 판매점의 데이터만 추출해보겠다. '시도현' 열의 ▼을 클릭하면 이 열에 입력돼 있는 시도현 목록이 나타나는데, 각 **명칭 앞에 있는 네모 박스에 체크 표시가 들어간 항목의 데이터만 표시**하게 된다.

아직 필터를 실행하지 않은 상태에서는 모든 항목에 체크 표시가 돼 있으므로, 우선 '모두 선택'의 체크 표시를 클릭하여 전 항목의 선택을 해제한다. 이어 추출하고 싶은 항목을 다시 클릭하여 체크 표시를 넣으면 그 항목이 입력된 행만 추출된다. 여기서는 '교토시'와 '오사카시'에

숫자를 '보다 큼' 등의 범위로 추출

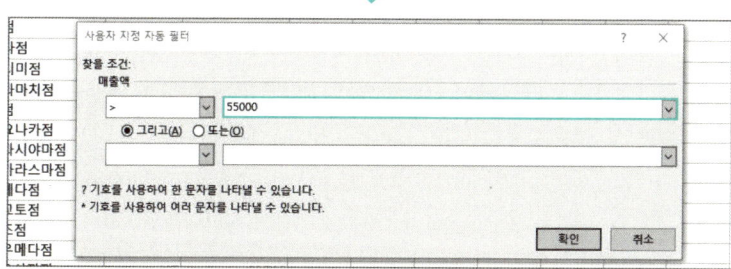

'매출액' 열의 ▼를 클릭하여 '숫자 필터' → '보다 큼'을 클릭. 이어지는 화면에서 '55000'을 입력하면 '매출액이 5만 5,000엔 초과'인 행만 표시할 수 있다.

체크 표시를 했다.

 추출된 결과에서 한 걸음 더 나아가 매출액이 일정 금액 초과인 데이터만 추출하고 싶을 때는 필터를 하나 더 실행한다. **두 가지 이상의 조건으로 필터를 실행하면 지정한 조건을 모두 만족시키는 데이터만으로 범위가 더 좁혀진다.** 여기서는 '매출액이 5만 5,000엔 초과'라는 조건의 필터를 추가로 실행한다.

 숫자의 크기를 기준으로 추출할 경우에는 '숫자 필터'를 사용한다. '매출액' 열의 ▼을 클릭하고 '숫자 필터' 위로 마우스를 가져가면, '보다

1장 우선 기존 파일을 가지고 응용한다 ◀ 039

큼' '크거나 같음' '보다 작음' 등 숫자의 크기를 선택하는 펼침메뉴가 열
린다. 여기서 '보다 큼'을 선택하고 이어지는 화면에서 기준이 되는 숫자
를 입력한다. 이로써 교토시와 오사카시의 판매 데이터에서 금액이 5만
5,000엔 초과인 행만 추출한 표가 생겼다.

이처럼 필터를 실행하면 표 상태가 조건에 맞춰 수시로 바뀐다. 추출된
상태의 표를 남기고 싶을 때는 새로운 시트를 추가로 만든 뒤 그곳에 복
사를 한다.

필터를 설정한 표는 보통의 엑셀 표처럼 '복사' → '붙여넣기'를 할 수
있다. **표 전체를 드래그하여 선택한 다음 '복사' 조작을 하면 배후에 숨어
있는 행은 제외된 상태로 표의 범위가 복사**된다. 추출되어 있지 않은 행까

추출 결과를 다른 시트에 복사

추출된 표를 드래그하여 '홈' 탭의 '복사'를 클릭하고 다른 시트에 '붙여넣기' 하면, 추출 결과를 새로운 표로써
재이용할 수 있다.

지 복사될 염려는 없으므로 간단하게 추출 결과물을 복제할 수 있다.

세상에 이런 방법이! 라이벌을 기죽이는 추출 테크닉

이 회사에는 '에이트'라는 판매점이 여럿 있다. 그래서 '에이트 가도미야점' '에이트 가와사키점' 등과 같이 '에이트 ○○'라는 명칭이 붙은 판매점 데이터를 효율적으로 추출하는 방법을 알아보자.

'판매점' 열의 ▼ 을 클릭하면 점포명의 체크 목록이 펼침메뉴로 나타난다. 여기서 '에이트 ○○'라는 판매점을 하나하나 찾아 수작업으로 체크 표시를 넣으려면 엄청난 시간이 든다. 이럴 때는 **중앙부에 있는 공란에 '에이트'라고 입력하면, 체크 목록 중에서 입력한 단어가 포**

'에이트 ○○'라는 판매점을 한 번에 추출

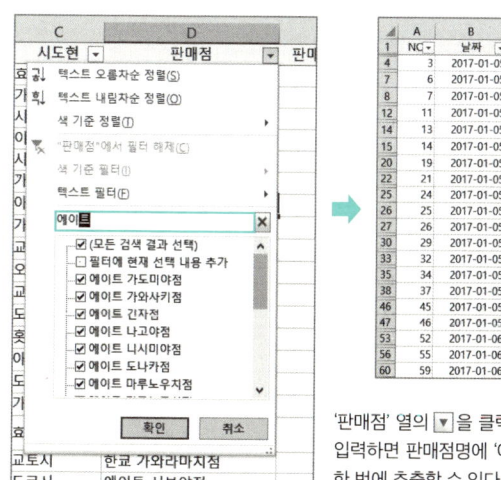
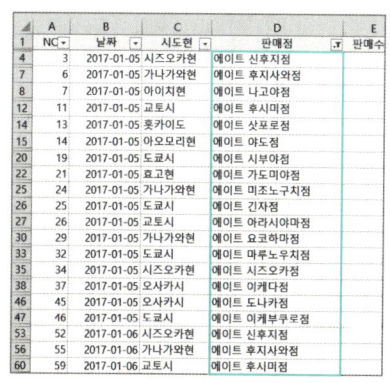

'판매점' 열의 ▼ 을 클릭하여 중앙부 공란에 '에이트'라고 입력하면 판매점명에 '에이트'가 포함된 판매점 데이터를 한 번에 추출할 수 있다.

함된 항목에 자동적으로 체크 표시가 들어간다. 특정 단어가 포함된 상품 등을 정리하여 추출하고자 할 때 도움이 되는 테크닉이다.

표 데이터를 자기 나름의 규칙에 따라 분류해놓고 관리하는 사람도 있을 것이다. 그래서 **셀의 색깔을 조건으로 필터를 실행하는 '색 필터'**에 대해서도 알아보겠다.

우선 '판매점' 열의 셀을 몇 개인가 선택하고 '홈' 탭의 '채우기 색' 단추를 사용하여 좋아하는 색을 설정한다. 이어서 '판매점'의 ▼을 클릭하여 '색 기준 필터'에 마우스를 가져가면 셀에 채우기 색으로 설정한

셀의 색으로 추출한다

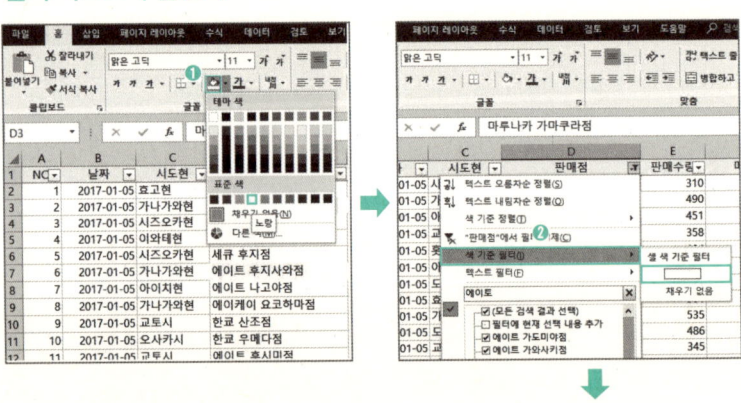

'판매점' 열 중에서 주목하고 싶은 셀에 '홈' 탭의 ① '채우기 색'에서 원하는 색을 선택한다. 이어서 '판매점' 열의 ▼을 클릭하고 ② '색 기준 필터'에서 그 색을 선택하면 지정한 색이 채워진 판매점의 데이터를 추출할 수 있다.

색이 표시된다. 여기서 추출하고 싶은 셀의 색을 선택하면 그 색으로 칠해진 셀을 포함한 행만 나타난다.

이런 필터 기능도 알아두면 라이벌을 기죽일 수 있지 않을까? 끝으로, 설정한 필터를 해제하고 표 상태를 원래의 모양으로 재빠르게 되돌리는 조작을 알아본다.

필터를 일괄적으로 해제하려면 '데이터' 탭의 '정렬 및 필터' 그룹에서 '지우기'를 선택한다. 그러면 추출이 해제되어 표의 모든 행이 다시 표시된다. 그렇지만 제목 행의 오른쪽에 생성된 필터 단추(▼)는 그대로 남는다. '데이터' 탭의 '필터'를 클릭하면 완전히 없앨 수는 있지만 그냥 남겨두어도 지장은 없다. 이것을 이용하여 나중에 언제라도 추출을 할 수 있으므로 오히려 남겨두는 편이 편리하다.

복습하기

① 표에서 특정 조건을 만족시키는 데이터만 나타내고 싶은 경우 필터 기능을 사용하여 데이터를 추출한다.
② 필터를 실행한 표에서는 불필요한 데이터가 일시적으로 숨겨지고, 해제하면 본래 상태로 되돌아간다.
③ 제목 행의 각 항목명 옆에 생성된 ▼를 사용하면 다양한 조건으로 표 데이터를 추출할 수 있다.

CHECK POINT

'정렬 기능'으로
원하는 데이터를 먼저 본다

매출액은 '오름차순' 아니면 '내림차순'

마이가 해야 할 일은 전국 판매점의 매출 실적표 뽑기이다. 이 표에는 판매점별로 팔린 상품 수량과 매출액이 한 행에 정리되어 있다.

일목요연하게 표를 보려면 데이터 행의 순서도 중요하다. 일반적으로 표를 확인할 때는 위에서 아래로 살펴보기에 **찾고자 하는 정보가 위에 오도록 데이터가 정렬되어 있으면 이해하기가 쉬워진다.**

예를 들어 매출액이 큰 거래처와 작은 거래처가 있는 경우, 당연히 많은 양의 주문이 예상되는 거래처 정보를 먼저 알고 싶어 하지 않을까? 그 경우 표의 데이터가 매출액 크기순으로 정리되어 있으면 편리하다.

이때 유용한 것이 '정렬' 기능이다. 필터 기능 다음으로 이제 '정렬' 기능을 알아보자.

정렬 기능에서는 **'오름차순' '내림차순'**이라는 2개의 기준 중 어느 하나를 사용한다. '오름차순'이란 작은 것에서 큰 것의 순서로 늘어놓는 방법이다. 셀에 입력되어 있는 것이 숫자라면 작은 숫자에서 큰 숫자로, 문자 데이터의 경우는 알파벳순이나 가나다순이 해당한다. 날짜의 경우는 오래된 날짜에서 최근 날짜로 정렬하고 싶을 때 사용한다.

'내림차순'은 그 반대이다. 금액이나 시험 점수 등 숫자가 큰 것에서부터 순서에 따라 보고 싶은 경우 '내림차순'으로 지정한다. 마이도 '매출액'을 기준 삼아 '내림차순'으로 데이터를 정렬했다. **숫자가 중요한 비즈니스에서는 오름차순뿐만 아니라 내림차순 정렬도 빈번하게 사용된다.**

자, 이제 판매점의 데이터 중에서 '매출액'을 '내림차순'으로 정렬해보자. 가장 간단한 방법은 **'매출액'이 입력된 임의의 셀 위로 마우스를 가져가서 오른쪽 단추를 클릭하고 펼침메뉴에서 '정렬' → '숫자 내림차순 정렬'을 선택**하는 방법이다.

오름차순과 내림차순

데이터 종류	오름차순(작은 순)	내림차순(큰 순)
숫자	소 → 대	대 → 소
날짜	과거 → 최근	최근 → 과거
영문자	A → Z	Z → A
한글	가나다순	가나다순의 반대

정렬 방법에는 '오름차순'과 '내림차순'이 있으며, 셀에 입력된 데이터에 따라 위 표처럼 순서가 정해져 있다.

1열을 기준으로 정렬한다

1열을 기준으로 정렬할 때는 그 열 안의 셀 위에서 마우스의 오른쪽 단추를 클릭하여 '정렬' → '숫자 오름차순 정렬 / 숫자 내림차순 정렬' 중 하나를 선택한다. 여기서는 매출액을 내림차순으로 정렬한다.

참고로 필터를 사용한 경우 제목 열의 항목명 옆에 ▼가 표시되어 있을 것이다. 매출액 옆 필터 단추를 클릭해도 '숫자 오름차순 정렬'이나 '숫자 내림차순 정렬'을 선택할 수 있다. 마이가 쿄코에게 배운 게 바로 이 방법이었다. 필터를 사용하지 않아서 필터 단추가 화면에 생성되어 있지 않으면 마우스 오른쪽 단추를 사용하면 된다.

정렬 후에 화면 좌측 상단의 '매장 코드'를 보면, 실행 전에는 '1001' '1002'…처럼 오름차순으로 정렬되어 있던 번호가 뒤죽박죽 뒤바뀐다. 이 사실에서 알 수 있듯이 **정렬이나 필터 기능을 사용하면 좌우의 연결 상태는 그대로 유지한 채 행 단위로 데이터 전체가 움직인다.**

'자동채우기'로 연속된 일련번호 열을 효율적으로 만들기

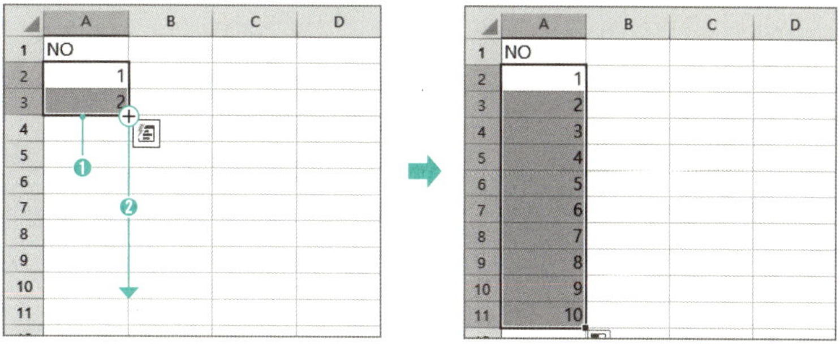

① '1' '2'를 연속으로 입력하고 그 2개의 셀을 선택한 다음, ② 오른쪽 아래의 직각 부분에 마우스 포인터를 맞추고 아래로 드래그하면 1단위씩 증가하는 연속된 번호를 순식간에 입력할 수 있다.

여러 차례 정렬을 한 뒤 등록 순서에 맞도록 순서를 되돌리고 싶은 경우도 있다. 그런 경우에 대비하여 **표의 좌단에는 반드시 순서를 적어 넣은 일련번호 열을 미리 만들어두는 것이 좋다.**

일련번호라고 하여 '1' '2' '3'…같이 수작업으로 일일이 입력하는 것은 시간 낭비이다. 그림과 같이 마우스를 이용하여 효율적으로 만들어야 하는데, 이처럼 선택한 셀의 오른쪽 아랫부분을 마우스로 드래그하며 내려가는 조작을 '**자동채우기**'라고 한다.

복잡한 표를 정렬할 때는 '추가 규칙' 설정

표에는 전국 판매점의 매출 정보가 입력되어 있다. 여기서 '도쿄시'나 '가나가와현' 등 동일한 시도현 데이터가 같이 나오도록 표를 정렬하려면 '시도현'의 열을 기준으로 '오름차순' 정렬을 한다.

이 조건으로 정렬을 하면 '가나가와현'의 판매점 데이터, '도쿄시'의 판매점 데이터…같이 시도현별로 데이터가 정렬된다. 그런데 동일한 가나가와현의 판매 데이터가 아무 구분 없이 여러 행 인쇄되는 것을 상상해보자. '가나가와현'이라는 똑같은 카네고리 안에서 판매점이 그저 임의로 늘어져 있기보다는 정렬 기준을 한 가지 더 추가하여, 가령 가나다순으로 늘어놓거나 매출액이 높은 순으로 늘어놓을 수도 있다. 이와 같은 식으로 정렬되어 있으면 정보를 찾기가 훨씬 더 쉬워진다.

다시 말해 **행의 수가 많은 표에서 데이터를 정렬할 때는 표 전체를 정렬하는 규칙뿐만 아니라 추가적인 정렬 기준이 필요**할 수도 있는데, 이처럼 복수의 기준으로 '정렬'을 하는 방법도 알아보겠다.

여기서는 표 전체를 '시도현' 열에서 '오름차순'으로 정렬하고, 다시 동일한 시도현의 데이터 내에서는 '매출액'을 '내림차순'으로 정렬해 보자.

정렬을 실행한 결과는 옆 페이지 그림처럼 나타난다. 표 전체는 B열의 '시도현'을 기준으로 정렬되었으며 동일한 시도현 내에서는 E열의 '매출액'이 내림차순으로 정렬된 것을 알 수 있다. 이런 상태라면 판매점을 시도현별로 볼 수 있으며, 나아가 동일한 지역 내에서 매출 규모가 큰 순서도 확인할 수 있다.

내용을 이해하기가 다소 어려울지도 모르겠다. 이 경우는 마우스 오른쪽 단추 클릭이나 필터 단추(▼)로는 설정할 수 없다. 이러한 복수의 규칙을 사용하는 정렬은 전용 화면이 필요하기 때문이다.

표 안의 셀을 하나 선택하고 '데이터' 탭 → '정렬'을 클릭한다. 그

복잡한 표는 복수의 기준으로 정렬한다

<정렬 전>

	A	B	C	D	E
1	매장 코드	시도현	판매점	판매수량	매출액
2	2008	가나가와현	마루와 가마쿠라점	24,120	3,135,650
3	1010	도쿄시	마루와 신주쿠점	24,058	3,127,600
4	1013	도쿄시	에이트 시부야점	22,755	2,958,200
5	1019	도쿄시	마루와 서이케부쿠로점	22,708	2,952,050
6	1004	도쿄시	세큐 유라쿠초점	21,976	2,857,000
7	1008	도쿄시	세큐 신주쿠점	21,169	2,752,050
8	2005	가나가와현	에이케이 요코하마점	21,129	2,746,800
9	1007	도쿄시	에이트 시부야역점	21,122	2,745,900
10	1005	도쿄시	에이케이 시나가와점	21,067	2,738,750

⬇

첫 번째 기준: '시도현'의 '오름차순'
두 번째 기준: '매출액'의 '내림차순'

⬇

<정렬 후>

	A	B	C	D	E
1	매장 코드 ▼	시도현 ↓↑	판매점 ▼	판매수량 ▼	매출액 ▼
2	2008	가나가와현	마루와 가마쿠라점	24,120	3,135,650
3	2005	가나가와현	에이케이 요코하마점	21,129	2,746,800
4	2010	가나가와현	세큐 요코하마점	19,589	2,546,600
5	2001	가나가와현	에이트 가와사키점	19,557	2,542,500
6	2003	가나가와현	에이트 미치노구치점	18,725	2,434,250
7	2006	가나가와현	세큐 에비점	18,509	2,406,250
8	2002	가나가와현	에이트 후지사와점	17,163	2,231,250
9	2004	가나가와현	에이트 요코하마점	17,090	2,221,800
10	2007	가나가와현	마루나카 가마쿠라점	16,008	2,081,100
11	2009	가나가와현	세큐 가와사키점	12,408	1,613,150
12	1010	도쿄시	마루와 신주쿠점	24,058	3,127,600
13	1013	도쿄시	에이트 시부야점	22,755	2,958,200
14	1019	도쿄시	마루와 서이케부쿠로점	22,708	2,952,050
15	1004	도쿄시	세큐 유라쿠초점	21,976	2,857,000
16	1008	도쿄시	세큐 신주쿠점	21,169	2,752,050

우선 '시도현'은 오름차순으로, 이어 같은 '시도현'에서는 '매출액'을 내림차순으로 정렬한다. 정렬 후에는 ① 동일한 시도현의 판매점이 가나다순으로, ② 매출액은 큰 순서로 정렬된다.

러면 아래와 같은 '정렬' 대화상자가 열린다. 여기서 정렬 규칙을 하나 하나 설정한다.

우선 '정렬 기준'에서 표 전체를 정렬하기 위한 정렬 값을 설정한다. 여기서는 '시도현'의 '오름차순'이라는 규칙이다. 규칙 항목은 오른쪽 끝의 목록 단추를 클릭하면 원하는 값을 선택할 수 있다. 다음 '기준 추가' 단추를 클릭하면 설정란이 추가로 하나 더 생기는데 여기에는 두 번째 규칙인 '매출액'의 '내림차순'이라는 항목을 설정한다. 마지막으로 '확인' 단추를 클릭하면 표를 단번에 정렬할 수 있다.

복수의 열을 기준으로 정렬한다

'정렬' 대화상자에서는 ① '정렬 기준'에 각각 '시도현' '셀 값' '오름차순'이라 지정하며, 이어 ② '기준 추가'를 클릭하고 ③ '다음 기준'에 각각 '매출액' '셀 값' '내림차순'이라 지정한다. '확인' 단추를 클릭하면 두 가지 정렬 규칙이 한꺼번에 실행된다.

참고로 이번 예에서는 규칙을 두 가지만 설정했지만 '기준 추가'를 누르면 설정란을 계속 늘릴 수 있다. **복잡한 표에서는 데이터를 보기 쉽게 만들기 위해 세 번째, 네 번째 규칙 등 다수의 규칙을 적용시켜 정렬**하는 경우가 많다.

규칙이 아무리 많아도 '정렬' 대화상자에서 같은 방법으로 설정하면 된다. 표에서 원하는 정보를 쉽게 찾기 위해 필요한 '정렬' 기능, 이제 확실히 익혔는가? 앞으로 최대한 활용해보자.

복습하기

① 데이터를 정렬하면 원하는 정보를 쉽게 찾을 수 있다.
② 정렬의 기준에는 '오름차순'과 '내림차순' 두 종류가 있으며 용도에 맞춰 구분하여 사용할 수 있다.
③ 열수나 행수가 많은 복잡한 표에서는 정렬 규칙을 복수 지정하면 데이터를 관리하기 쉬워진다.

CHECK POINT

'조건부 서식'으로
중요 데이터를 놓치지 않는다

조건을 만족시키는 셀에만 색을 채운다

업무상 다루는 표에는 '놓쳐서는 안 되는 중요한 데이터'가 포함돼 있게 마련이다. 예를 들면 판매점 관련 데이터 내에서 매출액이 일정액 이상인 우량 매장을 찾는 경우 등이다. 이때 필요한 데이터를 일일이 수작업으로 찾는 데는 한계가 있다. 이 경우 엑셀의 '조건부 서식' 기능을 사용한다.

조건부 서식에서는 '매출액이 250만 엔보다 크다' 같은 규칙을 정해둔다. **셀을 선택하여 '조건부 서식'을 설정하면 조건을 충족시키는 경우에만 해당되는 셀이나 문자의 서식이 지정한 상태로 바뀐다.** 조건을 채우지 못하는 경우, 즉 '매출액이 250만 엔 이하'에서는 셀의 서식이 바뀌지 않는다.

조건을 충족시키는 데이터를 찾기 위해서는 필터를 사용하는 방법도 있지만, 그 경우 조건을 충족시키지 않는 행이 배후에 숨어버린다. 그러나 표의 데이터를 모두 표시한 상태에서 고액의 매출 데이터를 일목요연하게 정리해야 할 때도 있다. 이때 유용한 것이 바로 '조건부 서식' 기능이다.

조건부 서식을 설정하면 표는 아래처럼 바뀐다. 이 예에서는 E열 '매출액'에 조건부 서식을 설정하여 250만 엔보다 큰 셀은 파란색이 되도록 하였다. 어떤가? 이런 방법이라면 매출이 높은 판매점을 한눈에 알 수 있다.

게다가 숫자가 바뀌어 정해 놓은 조건에서 벗어나면 엑셀이 알아서

250만 엔보다 큰 매출액 셀에 색을 채운다

	A	B	C	D	E
1	매장 코드	시도현	판매점	판매수량	매출액
2	1001	도쿄시	에이트 마루노우치점	18,663	2,426,200
3	1002	도쿄시	세큐 니혼바시점	18,447	2,398,200
4	1003	도쿄시	에이케이 야에스점	19,480	2,532,400
5	1004	도쿄시	세큐 유라쿠초점	21,976	2,857,000
6	1005	도쿄시	에이케이 시나가와점	21,067	2,738,750
7	1006	도쿄시	에이트 이케부쿠로점	17,101	2,223,200
8	1007	도쿄시	에이트 시부야역점	21,122	2,745,900
9	1008	도쿄시	세큐 신주쿠점	21,169	2,752,050
10	1009	도쿄시	세큐 심바시역점	18,314	2,380,850
11	1010	도쿄시	마루와 신주쿠점	24,058	3,127,600
12	1011	도쿄시	에이트 긴자점	17,028	2,213,750
13	1012	도쿄시	세큐 긴자점	18,361	2,387,000
14	1013	도쿄시	에이트 시부야점	22,755	2,958,200
15	1014	도쿄시	세큐 서신주쿠점	21,020	2,732,600
16	1015	도쿄시	세큐 스가모점	18,615	2,420,050
17	1016	도쿄시	세큐 표산도점	17,054	2,217,050
18	1017	도쿄시	마루나카 전원점	18,643	2,423,650
19	1018	도쿄시	에이트 서긴자점	18,400	2,392,050

'매출액' 열에 조건부 서식을 설정하여 250만 엔보다 큰 셀은 자동으로 파란색으로 표시되도록 했다.

자동으로 제외시킨다. 즉 '매출액' 숫자가 250만 이하로 변경되면 파란색 서식이 원상태로 돌아간다. **데이터 상황에 맞춰 서식이 시시각각 갱신**되기에 실용적이다.

'조건부 서식'을 설정하려면 서식을 바꾸고 싶은 셀 영역을 선택하고 '홈' 탭의 '조건부 서식'을 클릭한다. 펼침메뉴가 열리고 '셀 강조 규칙'에 마우스를 가져가면 '보다 큼' '보다 작음' 등 조건의 종류가 여럿 표시된다. 여기서 내용에 맞은 것을 선택하면 대화상자가 나타나는데 설정 화면에 판정의 기준이 되는 숫자를 입력하기만 하면 된다.

참고로 셀에 설정되는 서식은 '진한 빨강 텍스트가 있는 연한 빨강 채

조건부 서식을 설정한다

조건부 서식을 실정하려면 '매출액' 항목의 셀 영역을 선택하고, '홈' 탭 → '조건부 서식' → '셀 강조 규칙' → '보다 큼'을 클릭. 조건 입력 대화상자가 열리면 설정 화면에서 '2500000'을 입력한 다음 '확인'을 클릭한다.

세부적인 조건은 '새 서식 규칙'에서 설정

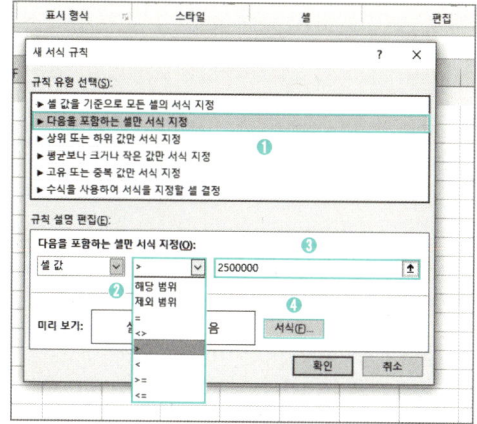

'홈' 탭 → '조건부 서식' → '새 규칙'을 선택하고 '새 서식 규칙' 대화상자가 열리면 ① '다음을 포함하는 셀만 서식 지정'을 선택한다. 아래 항목에서 ② =, >, < 등 다양한 조건을 선택할 수 있다. ③ 기준이 되는 숫자를 입력하고 ④ '서식'을 클릭하면 서식 설정 화면이 따로 열리므로 '채우기'로 설정하고 싶은 색 등을 자유롭게 선택할 수 있다.

우기'가 기본이다(이 책에서는 파란색으로 표시했다). 이는 목록 단추를 눌러 변경할 수 있지만 단지 눈에 띄게 할 목적이라면 이대로도 충분하다.

'셀 강조 규칙'에서 지정할 수 있는 규칙은 사용 빈도가 높은 일부로만 한정되어 있다. 예를 들어 숫자의 대소 범위를 나타내는 조건에는 '이상'이나 '이하'가 있는데 '셀 강조 규칙'에는 '이상'과 '이하'가 없다. 그러므로 '매출액' 250만 엔 이상이라는 규칙을 사용하고자 할 경우 매우 당황스러워진다.

그래서 **조건이나 서식의 내용을 임의로 설정하는 더 세부적인 방법**도 알아둘 필요가 있다. '새 서식 규칙' 대화상자를 활용하면 '셀 값이 250만 이상'이라는 조건을 순서에 따라 입력해 조건을 만족시키는 셀에 자신이 좋아하는 색이나 서식을 선택하여 지정할 수 있다.

'상위 5위'나 '평균 이상'을 달성한 판매점도 일목요연하게

조건부 서식에는, **다른 셀의 숫자와 비교하여 순위를 구하거나 평균값의 크기**를 두드러져 보이게 하는 등 아주 흥미로운 기능도 있다. '조건부 서식' 단추의 '상위/하위 규칙'이라는 펼침메뉴에서 지정이 가능하다.

'상위 10개 항목'을 선택하면 숫자가 큰 순서로 총 10개 항목을 표시할 수 있다. 꼭 10개에 한정하지 않고 '베스트 3'같이 3개만 요구하는 지정도 가능하며, 개수는 원하는 대로 얼마든지 변경할 수 있다. 옆 페이지 그림에서는 '매출액' 상위 5위까지의 판매점을 지정하여 색을 채워 넣었다.

또 같은 '상위/하위 규칙' 메뉴의 펼침메뉴에서 '평균 초과'를 선택하면 '매출액' 열에 입력된 숫자의 평균값을 배후에서 계산하고는 그 값을 웃도는 셀에 자동으로 서식 설정이 적용된다. 이 역시 공헌도가 높은 판매점을 분별하는 하나의 방법으로 이용할 수 있다. 반대로 실적이 그다지 좋지 않은 판매점을 뽑아내고 싶을 때는 당연히 '하위 10개 항목'이나 '평균 미만'을 선택하면 된다.

마지막으로 조건부 서식의 관리에 대해 설명하겠다. 문서에 설정된 조건부 서식의 내용을 보기 위해서는 '홈' 탭 → '조건부 서식' → '규칙 관리'를 선택하면 열리는 화면에서 확인할 수 있다. 하지만 이 관리 화면은 다소 복잡하여 초심자가 제대로 다루기가 쉽지 않다. 그러므로 과거에 설정해놓은 조건부 서식의 내용을 잘 알지 못하는 경우 성가시더라도 일단 설정된 내용을 모두 삭제하고 다시 지정하기를 추천한다.

매출액 '상위 5위'가 두드러져 보이게 한다

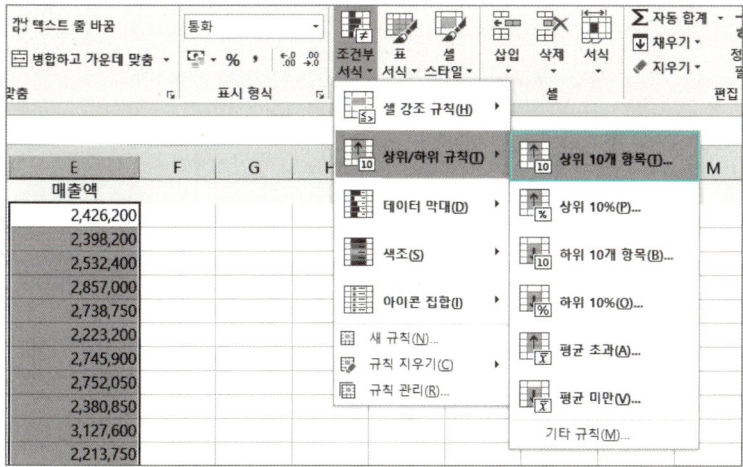

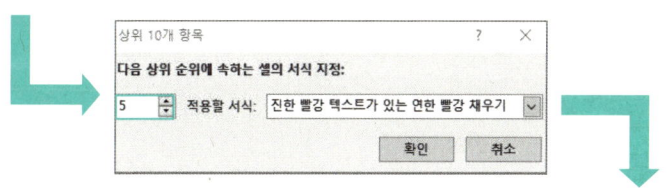

매출액 셀을 선택하고 '홈' 탭의 '조건부 서식' → '상위/하위 규칙' → '상위 10개 항목'을 선택한다. 이어서 펼쳐지는 대화상자에서 왼쪽 숫자 입력란에 '5'를 입력하고 '확인'을 클릭하면 '매출액' 상위 5위의 셀에 서식을 설정할 수 있다.

현재의 조건부 서식을 해제하려면, '홈' → '조건부 서식' → '규칙 지우기' → '시트 전체에서 규칙 지우기'를 클릭하면 된다. 이로써 시트에 설정된 조건부 서식은 모두 삭제되므로 필요할 때마다 처음부터 다시 조건부 서식을 설정하면 된다.

복습하기

① 조건부 서식을 사용하면 중요한 데이터가 눈에 잘 띄도록 두드러져 보이기 때문에 못 보고 지나치는 일이 생기지 않는다.
② 조건부 서식을 설정한 셀에서는 조건을 충족시키지 못하게 된 시점에 자동으로 서식이 해제되므로 현재 상황에 맞도록 데이터 관리가 가능해진다.

2

데이터의 정리정돈, 새로운 표 만들기

◀ 오른쪽에서 왼쪽으로 읽어주세요.

마이의 엑셀 이야기 ❷

첫 수업 후 이틀째 되는 날,

땅끝마을의 천연수

마이는 날마다 데이터로 샤워를 하고 있다.

세상의 모든 것이 숫자로 바뀌어 보이고 있어….

… 엑셀이란 건 정말 재밌군!

영업부

B	C	D	E
날짜	시도현	판매점	상품코드
2017/1/5	오사카시	한큐 우메다점	M03
2017/1/5	오사카시	한큐 주소점	S04
2017/1/5	오사카시	스토어 도요나카점	W01
2017/1/5	오사카시	에이트 도나카점	S01
2017/1/5	오사카시	에이트 이케다점	M02
2017/1/6	오사카시	에이케이 우메다점	S02
2017/1/6	오사카시	마루나카 오사카점	S05
2017/1/6	오사카시	한큐 주소점	S0
2017/1/6	오사카시	한큐 우메다점	
2017/1/6	오사카시	스토어 도요나카점	
2017/1/6	오사카시	에이트 이케다점	
2017/1/7	오사카시	마루나카 오사카점	
2017/1/7	오사카시	에이케이 우메다점	
2017/1/7	오사카시	한큐 우메다점	
2017/1/7	오사카시	한큐 주소점	
2017/1/7	오사카시	스토어 도요나카점	
2017/1/7	오사카시	에이트 이케다점	
2017/1/7			S0

좋았어.

이번에는 여기부터 새로운 표를 만들어보자.

계절에 따라 잘 팔리는 상품이 따로 있는 건 알고 있지만….

그건 도대체 왜 그런 거지….

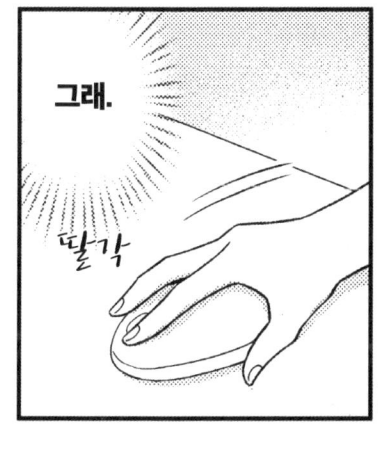

그래.

딸각

물보다 소다

30℃

뜨뜻한 차보다는 단팥죽

-1℃

… 혹시라도 상품과 기온에 무슨 관계가 있을지도….

여기 있는 기존 시트로부터 상품명과 금액을 복사하여…

이 새로운 파일에다

붙여넣기 하면

응?

뭐지 이거?

상품명	금액
알프스정제수	#REF!
알프스투명광채수	#REF!
시클레몬	#REF!
코라콜라	#REF!
청레몬에이드	#REF!
상쾌소다	#REF!
알프스투명광채수	#REF!
윙크윙크수	#REF!
비타민골드	#REF!
밀티변신수	#REF!
윙크윙크수	#REF!

클립보드
글꼴
스타일
D5
=B5*C5
계산식
A B C D E
1 상품명 단가 수량 금액
2 알프스정제수 140 30 4,200
3 알프스투명광채수 120 26 3,120
4 시큼레몬 120 35 4,200
5 코라콜라 130 29 3,770
6 청레몬에이드 33 6,600
셀 값
엑셀 데이터는 단지 숫자만 들어 있는 것처럼 보이더라도
사실은 배후에 '계산된 결과를 내포하고 있는 경우'라고 봐야 할 때가 상당히 많아.
맞아요, 맞아 ….
B C
금액
(Ctrl)
#REF!
#REF!
#REF!
#REF!
#REF!
이런 영어가 나타났어요.
아까도 그래.
너는 '상품명'과 '금액'을 복사했지.
하지만 새로 만든 표의 '금액'에는 숫자가 아니라…
B C D
단가 수량 금액
140 30 4,200
120 26 3,120
파일 홈 삽입 그리기 페이지
잘라내기
복사
붙여넣기
서식 복사
클립보드
맑은 고딕
A1
A B C

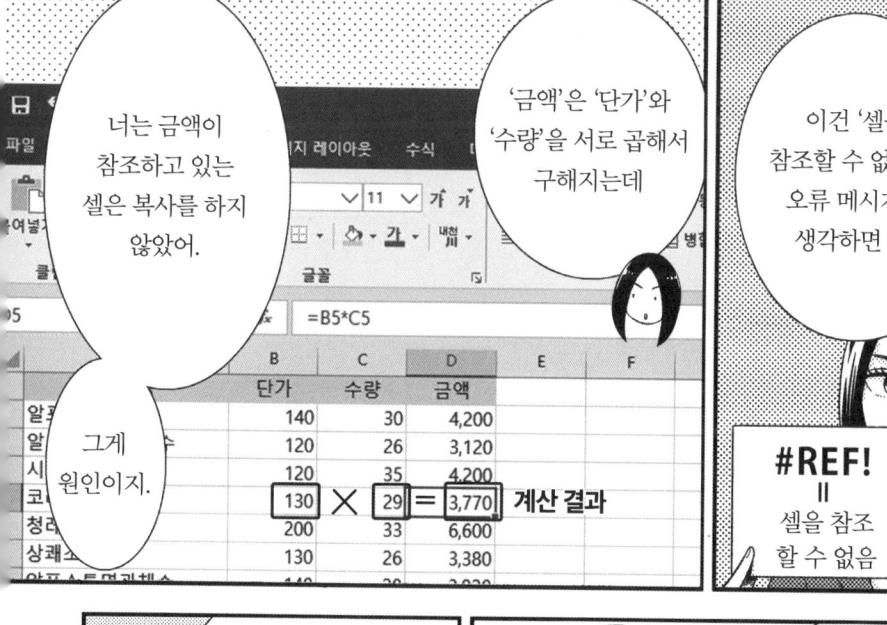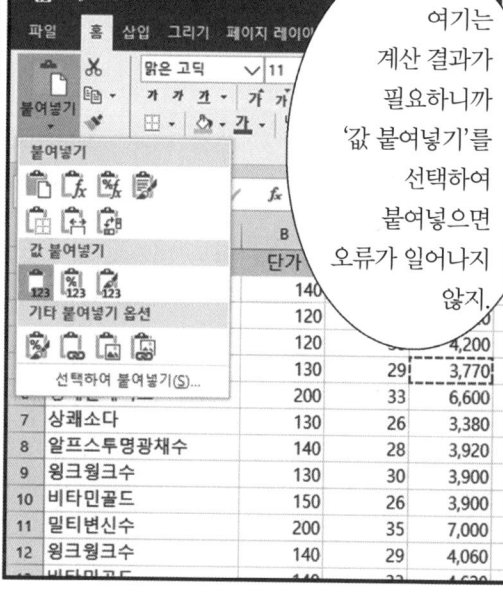

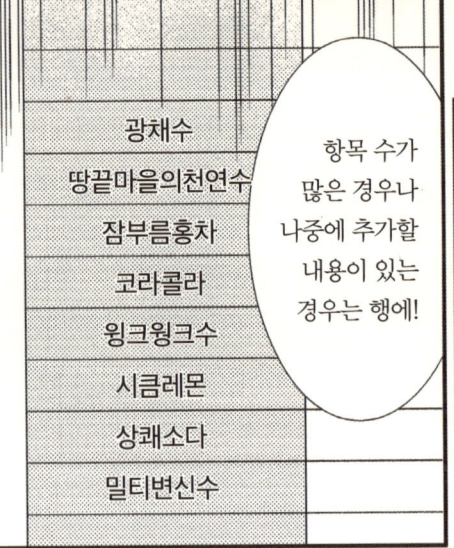

CHECK POINT

'추가 작업'을 염두에 두고 표를 만든다

'추출이나 정렬을 손쉽게 할 수 있는 표'를 만들자

교코가 아주 중요한 말을 했다. 그렇다, 엑셀의 표는 한 번 만들었다고 그것으로 끝나는 게 아니다. 어떤 상품의 매출이 순조롭게 나오고 있는지 조사하거나 담당자별로 매출액을 비교하거나 하기 때문에 오히려 표를 만든 다음부터가 실전이나 다름없다. 작성한 **다음에 제대로 이용할 수 있는 표가 아니라면 업무에 많은 지장을 초래**한다.

이처럼 분석 목적으로 사용되는 고객 목록이나 매출을 기록한 표 등을 엑셀에서는 **'데이터베이스'**라고 부른다. 데이터베이스를 분석할 때는 '정렬'(44쪽 참조), '필터'(36쪽 참조), '피벗 테이블'(156쪽 참조) 등 다양한 기능이 사용된다. 이런 기능을 적절하게 이용하기 위해서는 표를 만들 때 지켜야 할 규칙이 있는데 이 점을 늘 명심해야 한다.

데이터베이스 표에는 규칙이 있다

	A	B	C	D	E	F	G	H	I
1	NO	날짜	시도현	판매점	상품코드	상품명	단가	수량	금액
2	1	2017-01-05	효고현	한쿄 다카라즈카점	T01	마파람차	150	26	3,900
3	2	2017-01-05	가나가와현	마루나카 가마쿠라점	W02	땅끝마을의천연수	110	35	3,850
4	3	2017-01-05	시즈오카현	에이트 신후지점	T02	잠부름홍차	140	23	3,220
5	4	2017-01-05	이와테현	수퍼마켓 모리오카점	S01	코라콜라	130	18	2,340
6	5	2017-01-05	시즈오카현	세큐 후지점	W01	알프스투명광채수	120	28	3,360
7	6	2017-01-05	가나가와현	에이트 후지사와점	S02	윙크윙크수	130	37	4,810
8	7	2017-01-05	아이치현	에이트 니고야점	M03	성새본에이드	140	34	4,760
9	8	2017-01-05	가나가와현	에이케이 요코하마점	S03	시큐레몬	140	46	6,440
10	9	2017-01-05	교토시	한쿄 산조점	S05	밀티빈신수	140	31	4,340
11	10	2017-01-05	오사카시	한쿄 우메다점	M01	알프스정제수	150	33	4,950
12	11	2017-01-05	교토시	에이트 S04점	S04	상쾌소다	120	27	3,240
13	12	2017-01-05	도쿄시	세큐 이케부쿠로점	M02	비타민골드	200	27	5,400
14	13	2017-01-05	홋카이도	에이트 삿포로점	W01	알프스투명광채수	120	31	3,720
15	14	2017-01-05	아오모리현	에이트 야도점	T02	잠부름홍차	140	50	7,000
16	15	2017-01-05	도쿄시	세큐 니혼바시점	S01	코라콜라	130	40	5,200
17	16	2017-01-05	가고시마현	세큐 벳부점	T01	마파람차	150	21	3,150
18									

열에는 'NO' '날짜' 등 동일한 성질의 내용을 입력하고 맨 윗 행에는 열 항목명을 입력한다.

한 행에 하나의 데이터를 입력한다. 두 행에 걸쳐 나누어 입력하지 않는다.

2	1	2017-01-05	효고현	한쿄 다카라즈카점	T01	마파람차
3	2	2017-01-05	가나가와현	마루나카 가마쿠라점	W02	땅끝마을의천연수
4						
5	5	2017-01-05	시즈오카현	세큐 후지점	W01	알프스투명광채수
6	4	2017-01-05	이와테현	수퍼마켓 모리오카점	S01	코라콜라

표의 중간에 빈 행이나 열이 있는 것은 좋지 않다. 빈 행이나 열 앞에서 표가 끝나는 것으로 엑셀이 잘못 인식하기 때문이다.

2	1	2017-01-05	효고현	한쿄 다카라즈카점	T01	마파람차
3	2	2017-01-05	가나가와현	마루나카 가마쿠라점	W02	땅끝마을의천연수
4	3	2017-01-05	시즈오카현	에이트 신후지점	T02	잠부름홍차
5	5	2017-01-05		세큐 후지점	W01	알프스투명광채수
6	4	2017-01-05	이와테현	수퍼마켓 모리오카점	S01	코라콜라
7	6	2017-01-05	가나가와현	에이트 후지사와점	S02	윙크윙크수

병합된 셀이 있으면 정렬이나 필터를 사용할 수 없다. 병합된 셀은 반드시 해제해놓는다.

데이터베이스 형식의 표에서는 열과 행의 역할이 명확하게 정해져 있다. **열(세로 방향)에는 동일한 성질의 데이터를 입력**한다. 예를 들어

'상품명' 열에는 상품명을 입력하는 것이 원칙으로, 회사명이나 수량 등을 혼재시킬 수는 없다. 아울러 **맨 윗 행에는 각각의 열이 나타내는 내용인 '열 제목(항목명)'을 입력**한다.

행(가로 방향)에는 한 건의 데이터를 입력한다. 앞 페이지의 예에서 보듯이 한 건의 판매 데이터는 한 행에 입력되어 있다. 이때 만약 내용이 긴 항목이 있더라도 두 행에 나누어 입력하는 것은 좋지 않다. 추출이나 정렬을 했을 때 표의 데이터가 행 단위로 움직이기 때문이다. 한 건의 판매 데이터가 여러 행에 걸쳐 입력되어 있으면 데이터가 분산된 상태로 정렬이 이루어지므로 올바른 분석을 할 수 없다.

판매 데이터 등은 수백, 수천 건의 표로 구성되는 경우가 다반사이다. 일반적으로 데이터베이스는 행의 수가 많고 복잡한 표로 구성되게 마련이다. 그렇다면 드래그하여 표 전체를 범위 지정하는 게 쉬운 일이 아니다. 그렇다고 걱정할 필요는 없다. 엑셀은 공란으로 둘러싸인 범위를 일련의 표로 인식하는 성질이 있으니까 표의 주변을 빈 행과 열로 둘러싸이도록 해야 한다.

바꿔 말해 하나의 표에 빈 행이나 열을 두어서는 안 된다는 뜻이기도 하다. 표의 도중에 공란이 있을 경우 엑셀은 공란이 있는 바로 앞 행에서 표가 끝나는 것으로 잘못 인식하기 때문이다. 따라서 **데이터 표는 공란을 두지 말고 반드시 채운다.**

또한 도중에 병합된 셀이 있어서도 안 된다. 셀 일부가 병합되어 있으면 정렬이나 필터 기능을 사용할 수 없다. 제목 항목이나 데이터의 행에 **셀 병합을 하는 것은 절대 금물**이다.

첫 행이 표의 시작 지점이다

흔히 표의 맨 첫 행에 '매출일람표' 등과 같이 표 제목을 입력하는 사람이 있다. 데이터베이스의 표에서는 있어서는 안 되는 금기사항이다. 데이터베이스에서는 **시트의 첫 행은 열 제목이라는 것을 전제로 작업이 수행**되기 때문이다.

아래 그림을 보면 첫 행에 표 제목을 입력하고 두 번째 행은 공란으로 두었으며 세 번째 행부터 본 내용이 시작된다. 아래 예처럼 반드시 **첫 행에서부터 표 입력을 시작**하자. 즉 열 제목은 첫 행에 입력하고 두 번째 행부터는 데이터를 입력하는 레이아웃이 가장 바람직하다.

그렇다면 도대체 표의 제목은 어디에 입력하는 것이 좋을까? **표의 제목은 시트 안에 있는 임의의 셀이 아니라 아랫부분의 시트 이름이 적혀 있는 곳에 입력하는 것을 적극 권장**한다.

표는 첫 행에서부터 시작한다

	A	B	C	D	E	F	G	H	I
1	1월 판매점별 상품별 매출								
2									
3	NO	날짜	시도현	판매점	상품코드	상품명	단가	수량	금액
4	1	2017-01-05	효고현	한큐 다카라즈카점	T01	마파람차	150	26	3,9
5	2	2017-01-05	가나가와현	마루나카 가마쿠라점	W02	땅끝마을의천연수	110	35	3,8
6	3	2017-01-05	시즈오카현	에이트 신후지점	T02	잠부름홍차	140	23	3,2
7	4	2017-01-05	이와테현	수퍼마켓 모리오카점	S01	코라콜라	130	18	2,3

	A	B	C	D	E	F	G	H	I
1	NO	날짜	시도현	판매점	상품코드	상품명	단가	수량	금액
2	1	2017-01-05	효고현	한큐 다카라즈카점	T01	마파람차	150	26	3,9
3	2	2017-01-05	가나가와현	마루나카 가마쿠라점	W02	땅끝마을의천연수	110	35	3,8
4	3	2017-01-05	시즈오카현	에이트 신후지점	T02	잠부름홍차	140	23	3,2
5	4	2017-01-05	이와테현	수퍼마켓 모리오카점	S01	코라콜라	130	18	2,3
6	5	2017-01-05	시즈오카현	세큐 후지점	W01	알프스투명광채수	120	28	3,3
7	6	2017-01-05	가나가와현	에이트 후지사와점	S02	윙크윙크수	130	37	4,8

표는 첫 행에 열 제목을 입력하고 두 번째 행부터 데이터가 시작되도록 만들자. 맨 첫 행에 표의 제목 등을 입력하는 것은 바람직하지 않다.

시트 이름이 적힌 지점을 더블클릭하면 'Sheet1'이라 표시되어 있는 내용을 변경할 수 있으므로, 여기를 표의 제목에 어울리게 바꾼다.

시트 이름이 문서의 머리글이나 바닥글에 나타나도록 인쇄할 수 있다. 그렇다면 새로 변경한 시트 이름을 머리글이나 바닥글로 인쇄하게 설정하는 방법을 알아보자.

머리글이나 바닥글은 엑셀의 기본 편집 모드에서는 찾아볼 수 없으므로, 우선 '보기' 탭으로 들어가 '페이지 레이아웃'을 클릭하여 '페이지 레이아웃' 화면으로 전환한다.

페이지 레이아웃 화면이란, 이름 그대로 인쇄된 결과물에 가까운 상태를 미리 확인할 수 있도록 하는 보기 모드이다. 화면을 살펴보면 페이지의 상하 여백에 머리글과 바닥글의 영역이 표시돼 있을 것이다. 옆 페이지 두 번째 그림을 참조한다.

머리글에 시트 이름이 나타나도록 설정하고 싶다면 상단의 '머리글 추가'라고 적힌 지점을 클릭한 다음 '디자인' 탭을 선택하고 '머리글/바닥글 도구' 그룹의 '시트 이름' 단추를 사용하여 설정한다. 그다음 인쇄를 하면 표의 제목이 머리글 부분 중앙에 자동으로 찍혀 나온다. 그 후 표의 제목을 변경하고 싶을 때는 시트 이름의 내용을 변경하기만 하면 자동으로 적용된다.

이렇게 하면 굳이 시트의 행을 사용하여 표 제목을 입력할 필요가 없다. 그러므로 첫 번째 행에는 항목명을 입력하고 그다음 행에서부터 데이터를 입력하는 효율적인 데이터베이스를 만들어 쓸데없이 행을 낭비하지 않도록 한다.

표 제목은 시트 이름으로 입력하고 머리글 추가하여 인쇄

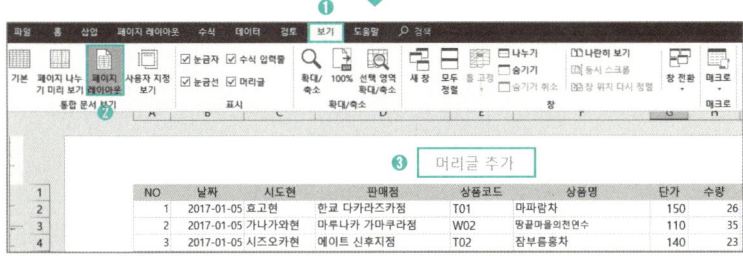

원하는 표의 제목을 시트 이름으로 미리 입력해놓는다.

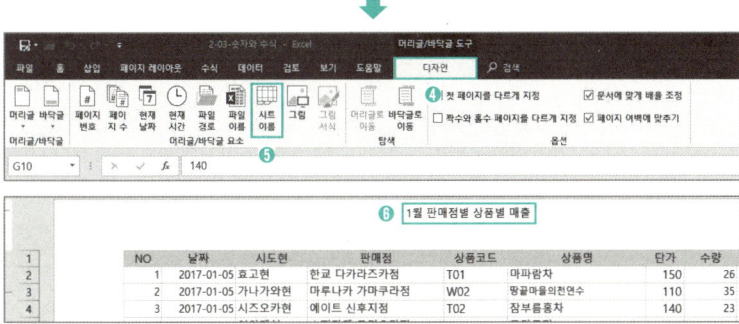

① '보기' 탭의 ② '페이지 레이아웃' 탭을 클릭하고 ③ '머리글 추가'라고 표시된 지점을 클릭.

④ '디자인' 탭의 ⑤ '시트 이름'을 누른 다음 ⑥ 임의의 셀을 클릭하면 머리글에 시트 이름이 인쇄되도록 설정된다. 이 과정을 마치면 '보기' 탭의 '기본'을 클릭하여 문서를 원래 상태로 되돌린다.

화면이든 인쇄물이든 항목명은 늘 표시되게 한다

매출을 기록하는 데이터베이스는 날마다 내용을 추가할 수밖에 없다. 따라서 행수는 점점 늘어나 눈 깜짝할 사이에 대형 표가 되고 만다.

행이나 열의 수가 많으면 작업 중에 화면을 스크롤해야 할 경우가 자주 생긴다. 데이터베이스 표에서는 원칙적으로 첫 행에 열 항목명을 입력하는데, 표를 아래로 스크롤하면 열 항목명도 함께 움직여서 안 보이게 된다. 이로 인해 어떤 열에 무슨 내용이 입력된 것인지 몰라 불편했던 경험은 없는가?

그래서 **화면을 스크롤하더라도 열 항목명이 적힌 첫 행은 고정되어 항상 표시되도록 설정**해놓으면 아주 편리하다.

이때 사용하는 것이 '**틀 고정**' 기능이다. '보기' 탭에 있는 '틀 고정'을 클릭하여 펼침메뉴에서 '첫 행 고정'을 선택하면 시트의 첫 행, 즉 1행에 적힌 항목명이 아무리 스크롤을 하더라도 항상 표의 최상단에 고정되어 표시된다.

인쇄를 하는 경우 여러 페이지에 걸쳐 있는 표라면 첫 페이지만 첫 행의 항목명이 인쇄될 뿐 두 번째 페이지부터는 항목명 없이 출력된다. 모니터 화면과 마찬가지로 열 항목명이 적혀 있지 않은 상태로 인쇄가 되면 당연히 불편하다. 따라서 데이터베이스를 인쇄하는 경우 **용지의 모든 페이지에 항목명이 자동으로 찍히도록 설정**한다.

'페이지 레이아웃' 탭의 '페이지 설정' 그룹에서 '인쇄 제목'을 클릭하면 열리는 대화상자에서 '**반복할 행**'의 설정을 하면 표의 첫 행에 입력된 항목명이 각 페이지마다 계속 인쇄된다.

이처럼 모니터 화면이든 인쇄된 용지든 항목명이 항상 표시되도록 하면 자기 자신은 물론 직장의 선후배까지도 훨씬 편리하게 데이터베이스 표를 사용할 수 있다.

일반적으로 표를 작성할 때에는 괘선(행이나 열 사이의 구분선)을 설정할 때가 많다. 그런데 행이나 열의 수가 계속 늘어나게 마련인 데이터베이스 표의 경우, 변동이 생길 때마다 괘선을 그려줘야 한다면 시간 손실이 이만저만 아니다. 그래서 이번에는 **데이터베이스에서 일일이 괘선을 그려주지 않고 유사한 기능으로 대신 처리**하는 방법을 알아보겠다.

스크롤하더라도 항목명 열을 항상 표시

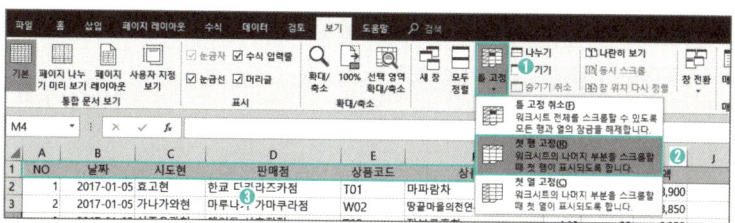

'보기' 탭에서 ① '틀 고정' → ② '첫 행 고정'을 클릭하면 화면을 아래로 스크롤해도 ③ 첫 행에 입력한 항목명이 항상 고정되어 표시된다.

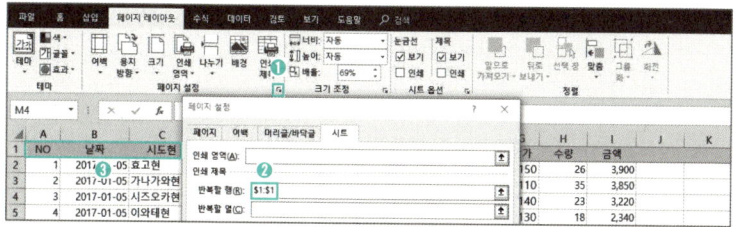

'페이지 레이아웃' 탭에서 ① '페이지 설정' 그룹의 옵션을 클릭하면 열리는 펼침메뉴에서 '시트' 탭을 선택. 그리고 ② '반복할 행' 옆의 빈 공간을 클릭한 다음 ③ 항목명이 적힌 첫 행을 선택하고 '확인'을 클릭하면 다음 페이지에도 계속 항목명이 인쇄되어 나타난다.

셀의 눈금선을 괘선 대용으로 인쇄

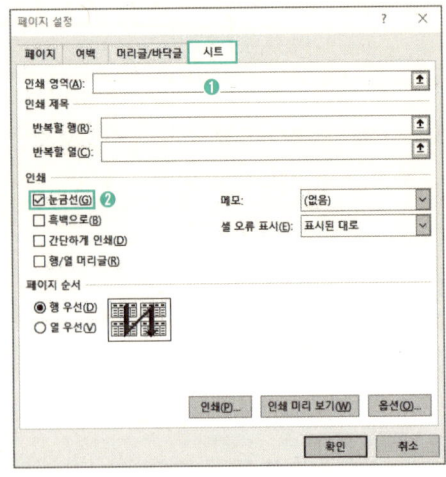

'파일' 탭 → '인쇄' → '페이지 설정'을 선택하면 열리는 펼침메뉴에서 '시트' 탭의 '눈금선'에 체크 표시를 넣고 '확인'을 클릭하면 셀의 눈금선이 인쇄되어 나타난다.

엑셀에서는 시트를 인쇄할 때 **화면에 표시되어 있는 셀 구분선을 데이터와 함께 인쇄**하는 기능이 있다. 설정은 매우 간단하여 '페이지 레이아웃' 탭의 '페이지 설정' → '시트'의 옵션 그룹에서 '눈금선'에 체크 표시를 넣어주고 '확인'만 누르면 된다.

그런 다음 시트를 인쇄하면 셀의 눈금선이 아주 미세한 직선으로 인쇄된다. 데이터 구분을 위한 부수적인 목적의 괘선이라면 이것만으로도 충분히 만족스런 결과를 얻을 수 있다. 눈금선을 아주 간편한 방법으로 괘선 대신으로 사용한다.

복습하기

① 정렬이나 필터 등의 분석 기능을 이용하는 데이터베이스 표에는 그 나름의 작성 규칙이 있다.
② 첫 행에 열 항목명을 입력하고 그 행이 항상 표시되도록 하면 편리하다.
③ 데이터가 엄청 많은 표에서는 괘선 설정을 생략하고 셀의 눈금선으로 대신 표시하도록 하면 효율적이다.

CHECK POINT

데이터 정리는
하루도 거르지 말자

사소한 표현의 차이에도 주의하자

표에 입력하는 상품명이나 고객명은 동일하거나 유사한 부분을 반복적으로 입력해야 하는 경우가 많다. 인명이나 상품명만 하더라도 **외래어 표기 방법이나, 숫자 혹은 알파벳 같은 경우 전각 또는 반각 등 표기 원칙을 통일**하고 싶을 때도 있다.

예를 들어 '한쿄 스토어'와 '한쿄오 스토어'처럼 한 글자만 다른 거나, '에이트 후지사와점'과 '에잇 후지사와점'처럼 외래어 표기를 어떻게 하느냐에 따른 차이 등이 그런 경우이다. **또한 알파벳이나 숫자 등은 전각이냐 반각이냐에 따라 동일 글자라도 다르게 인식한다.** 따라서 그런 차이들을 하나로 통일하지 않고 그대로 내버려두면 필터나 정렬 기능을 실행했을 때 서로 다른 데이터로 취급하게 되므로 원하는 결과를 얻을 수 없다.

아래 그림 중의 상품명 '코라콜라'의 예에서는 일부 셀에 '코라콜라 ☐'(☐는 공백이 포함되었다는 의미)처럼 말미에 공백이 입력되어 있다. 이 경우 눈으로 보기에는 차이가 없을지라도 엑셀에서는 동일한 데이터로 인식하지 않는다.

따라서 데이터를 입력할 때는 앞의 여러 경우에서 보듯이 **표현 방법에 따라 오차가 발생할 수 있다는 점을 항상 명심**하고 충분한 주의를 기울여야 한다.

데이터의 공백 유무나 외래어 표기법을 일치시킨다

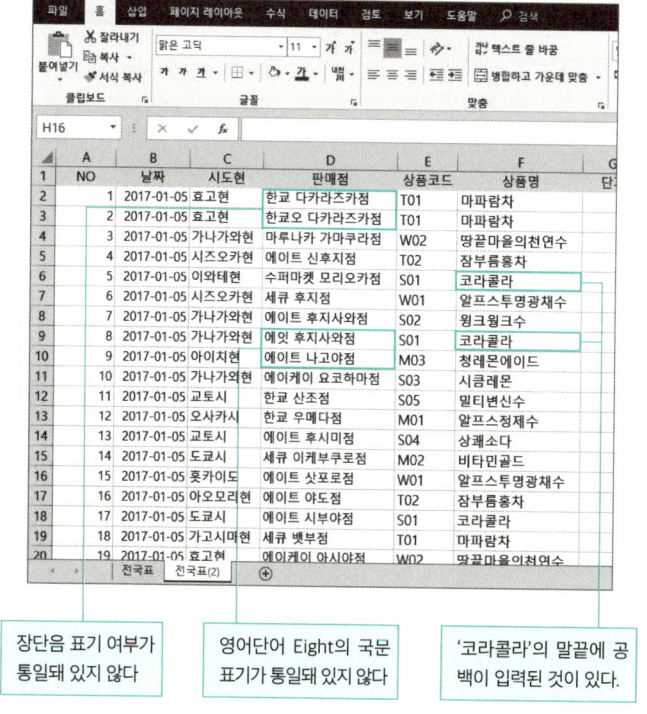

장단음 표기 여부가 통일돼 있지 않다

영어단어 Eight의 국문 표기가 통일돼 있지 않다

'코라콜라'의 말끝에 공백이 입력된 것이 있다.

표현을 통일하려면 바꾸기나 함수를 사용한다

앞 페이지의 경우처럼 표현에 차이가 있는 데이터는 반드시 일치시켜야 한다. 한두 건이라면 수작업으로도 바로잡을 수 있겠으나 수정해야 할 개수가 많을 경우 역시 엑셀 기능을 이용해야 한다. 우선은 **특정 단어나 글을 다른 말로 대체하는 '바꾸기' 기능**을 알아보겠다.

'바꾸기' 기능을 이용하려면 단축키를 쓰는 것이 효율적이다. 일치시키고자 하는 데이터의 열을 미리 선택해놓고 'Ctrl' 키를 누르면서 'H' 키를 누르면 '찾기 및 바꾸기' 대화상자가 열린다. 이어서 '찾을 내용' 난에 '한쿄오', 그리고 '바꿀 내용' 난에 '한쿄'라고 지정하면 장음으로 표기하지 않은 '한쿄'로 통일할 수 있다.

'바꾸기' 기능으로 '한쿄오'를 '한쿄'로 통일한다

판매점	상품코드	상품명	단가	수량	금액
한쿄 다카라즈카점	T01	마파람차	150	26	3,900
한쿄오 다카라즈카점	T01	마파람차	150	30	4,500
마루나카 가마쿠...					3,850
에이트 신후지점					3,220
수퍼마켓 모리오...					2,340
세큐 후지점					3,360
에이트 후지사와...					4,810
에엣 후지사와점					4,810
에이트 나고야점					4,760
에이케이 요코하...					6,440
한쿄 산조점					4,340
한쿄 우메다점	M01	알프스정제수	150	33	4,950
에이트 후시미점	S04	상쾌소다	120	27	3,240
세큐 이케부쿠로점	M02	비타민골드	200	27	5,400
에이트 삿포로점	W01	알프스투명광채수	120	31	3,720

'찾기 및 바꾸기' 대화상자:
- 찾을 내용(N): 한쿄오
- 바꿀 내용(E): 한쿄
- ❶ 바꾸기(P) 탭
- ❷ 옵션(T)
- ❸ 모두 바꾸기(A)

통일하고 싶은 단어나 글이 있는 열을 선택하고 'Ctrl' + 'H' 키를 누른다. ① '찾을 내용' 난에 수정 전의 표현을, ② '바꿀 내용' 난에 수정 후의 표현을 각각 입력하고 ③ '모두 바꾸기'를 클릭한다.

'바꾸기' 기능으로 '에잇'을 '에이트'로 통일한다

마찬가지로 통일하고 싶은 단어나 글이 있는 열을 선택하고 'Ctrl' + 'H' 키를 누른다. ① '찾을 내용' 난에 수정 전의 표현인 '에잇'을, ② '바꿀 내용' 난에 수정 후의 표현인 '에이트'를 각각 입력하고 ③ '모두 바꾸기'를 클릭한다.

참고로, 문자의 반각과 전각을 통일하려면 'ASC(아스키)', 'JIS(지스)'라는 2개의 함수를 사용한다. **ASC 함수는 전각 문자를 반각으로 변환하고, JIS 함수는 반대로 반각 문자를 전각으로 변환**해주는 함수이다. 그런데 전각이나 반각의 구분은 숫자, 영문자, 기호, 그리고 한글 자모나 일본어의 가타카나 등에 적용되는 개념이다. 따라서 여기서는 아스키 함수와 지스 함수로 전각과 반각을 통일시킬 수 있다는 것만 기억했으면 한다. 물론 동일한 숫자나 기호라도 전각으로 표기되었는지 반각으로 표기되었는지에 따라서 엑셀은 서로 다른 데이터로 인식한다는 사실도 꼭 잊지 말아야 한다.

셀 안의 공백 유무는 필터 기능으로 확인

B	C	D	E	F	G
날짜	시도현	판매점	상품코드	상품명	단가
2017-01-05	효고현	한쿄 다카라즈카점		텍스트 오름차순 정렬(S)	150
2017-01-05	효고현	한쿄 다카라즈카점		텍스트 내림차순 정렬(O)	150
2017-01-05	가나가와현	마루나카 가마쿠라점		색 기준 정렬(T)	110
2017-01-05	시즈오카현	에이트 신후지점		"상품명"에서 필터 해제(C)	140
2017-01-05	이와테현	수퍼마켓 모리오카점		색 기준 필터(I)	130
2017-01-05	시즈오카현	세큐 후지점		텍스트 필터(F)	120
2017-01-05	가나가와현	에이트 후지사와점		검색	130
2017-01-05	가나가와현	에잇 후지사와점		☑ 상쾌소다	130
2017-01-05	아이치현	에이트 나고야점		☑ 시클레몬	140
2017-01-05	가나가와현	에이케이 요코하마점		☑ 알프스정제수	140
2017-01-05	교토시	한쿄 산조점		☑ 알프스투명광채수	140
2017-01-05	오사카시	한쿄 우메다점		☑ 윙크윌크수	150
2017-01-05	교토시	에이트 후시미점		☑ 잠푸름홍차	120
2017-01-05	도쿄시	세큐 이케부쿠로점		☑ 청레몬에이드	200
2017-01-05	홋카이도	에이트 삿포로점		☑ 코라콜라	120
2017-01-05	아오모리현	에이트 야도점		☑ 코라콜라	140
2017-01-05	도쿄시	에이트 시부야점		확인 취소	130
2017-01-05	가고시마현	세큐 벳부점			150
2017-01-05	효고현	에이케이 아시야점	W02	땅끝마을의천연수	110
2017-01-05	교토시	한쿄 가와라마치점	T02	잠부름홍차	140

필터 단추를 누르면 생기는 펼침메뉴의 체크 목록에 동일한 상품명이 연달아 나타나는 것은, 일부의 셀에 공백이 입력되어 있기 때문이다. '코라콜라'를 한 건씩 추출하여 셀 안의 공백을 조사하자.

엑셀 이외의 시스템에서 데이터를 표로 붙여넣기 했을 경우에 불필요한 공백까지 들어가는 일이 생긴다.

이때 '코라콜라□(네모는 공백을 뜻함)'와 같이 문장 끝에 입력된 공백은 시트를 보는 것만으로는 식별할 수 없다.

셀 안의 공백을 효율적으로 찾아내려면 필터를 사용한다(36쪽 참조). ▼를 클릭했을 때 **체크 목록에 동일한 상품명이나 고객명이 여럿 줄지어 표시되는 경우 셀에 불필요한 공백이 있어 별개의 데이터로 인식하기 때문**이다. 각각의 항목을 개별적으로 추출하고 셀을 조사하여 불필요한 공백을 삭제하자.

표의 항목명은 가로 방향 혹은 세로 방향?

데이터베이스의 표는 행과 열의 역할이 나뉘어 있으므로 항목명은 맨 첫 행에만 설정한다. 그런데 업무를 위해 살펴보는 표에는, 데이터베이스뿐만 아니라 다양한 종류가 있다. 이들 표에서는 맨 첫 행(가로)만이 아니라 가장 좌측의 열(세로)에도 항목명을 설정할 수 있다. 항목명을 가로 방향과 세로 방향 중 어느 쪽으로 배치해야 할지 고민했던 경험은 없는가? 항목명을 배치하는 데도 엄연히 규칙이 있다. 마이처럼 가로인지 세로인지를 '그저 기분에 따라' 정하곤 했다면 여기서 규칙을 다시 한 번 점검해보자.

우선 **'표는 세로 방향으로 진행하되 간단명료하게 만든다.'** 이것이 대원칙이다. 업무를 처리하다 보면 A4용지에 세로 방향으로 서류를 인쇄하는 경우가 많으므로 **내용이 길거나 개수가 많은 항목은 '세로'로, 내용이 짧고 개수가 적은 항목은 '가로'로 배치**하는 것이 보통이다.

마이가 만들고자 했던 것은 '상품명'과 '기온'을 항목명으로 정하고 출하량을 집계하는 표이다. 이 경우는 수효가 많고 긴 이름이 포함되는 '상품명'을 세로축에, 글자 수가 적어 너비가 짧아도 충분히 입력이 가능한 '기온'을 가로축에 배치하는 것이 가장 좋은 방법이다.

참고로 세로와 가로를 반대로 설정하여 만든 표가 다음 페이지의 나쁜 예이다. '상품명'과 같이 글자 수가 들쑥날쑥 일정하지 않은 항목을 왼쪽에서 오른쪽으로 늘어놓으면 가로로 뻗어나가는 볼썽사나운 표가 되고 만다. 이래서는 보기도 힘들고 인쇄할 때도 불편하다.

세로 방향으로 간단명료하게 정리되도록 제목을 배치한다

	A	B	C	D	E	F
1		0°C 미만	0~10°C	10~20°C	20~30	30°C 이상
2	알프스천연광채수	1,325	7,820	13,230	17,523	18,520
3	땅글마을천연수	1,548	6,825	12,562	18,524	20,135
4	마파람차	18,524	18,224	18,524	24,512	20,514
5	잠부름홍차	16,250	15,248	17,825	18,625	16,250
6	코라콜라	3,548	7,820	9,852	11,253	15,324
7	윙크윙크수	1,854	6,852	7,852	10,253	14,256
8	시큼레몬	3,548	5,832	6,853	9,856	12,305
9	상쾌소다	1,958	4,586	7,586	8,523	10,253
10	밀티변신수	3,548	7,820	9,852	11,253	12,503
11	속쾌청파트너	5,264	3,526	7,058	8,253	7,958
12	비타민골드	5,234	9,862	10,235	12,530	12,025
13	청레몬에이드	2,653	5,864	8,546	12,530	18,520

	A	B	C	D	E	F	G	H
1		알프스천연광채수	땅글마을천연수	마파람차	잠부름홍차	코라콜라	윙크윙크수	시큼레몬
2	0°C 미만	1,325	1,548	18,524	16,250	3,548	1,854	3,548
3	0-10°C	7,820	6,825	18,224	15,248	7,820	6,852	5,832
4	10~20°C	13,230	12,562	18,524	17,825	9,852	7,852	6,853
5	20~30	17,523	18,524	24,512	18,625	11,253	10,253	9,856
6	30°C 이상	18,520	20,135	20,514	16,250	15,324	14,256	12,305

표는 내용이 길거나 개수가 많은 항목이 세로 방향으로 오도록 배치하는 것이 대원칙. X표가 쳐진 바로 위처럼 가로쪽 항목이 긴 표는 화면을 볼 때나 인쇄를 할 때 보기가 불편하다.

시계열 데이터는 가로 방향이 유리하다

	A	B	C	D	E
1	분류	상반기	하반기	연간합계	매출구성비
2	물	463,209,682	464,185,314	927,394,996	27.6%
3	홍차	534,581,354	536,084,958	1,070,666,312	31.9%
4	탄산음료	427,697,801	428,583,402	856,281,203	25.5%
5	기타	249,609,735	250,746,520	500,356,255	14.9%
6	합계	1,675,098,572	1,679,600,194	3,354,698,766	

연 단위나 반기별, 분기별 등 시계열의 항목은 다소 늘어지는 가로 방향이 되더라도 왼쪽에서 오른쪽으로 배치하는 것이 내용을 파악하는 데 유리하다.

다만 날짜 등의 시계열 데이터는 예외이다. 여러분도 예산 실적표 등에서 연 단위나 반기, 분기를 나타내는 항목이 가로 방향으로 이어지는 것을 본 적이 있을 것이다. 교코가 '시간축은 가로 방향 우선'이라고 말했듯 **연별, 반기별, 분기별, 월별 등의 시계열 데이터는 가로 방향**이 선호된다. 그 이유는 무엇일까?

191쪽의 꺾은선형 차트를 살펴보면 이해가 될 것이다. 꺾은선형 차트의 가로축에는 '1월' '2월'…과 같이 시간을 나타내는 항목이 이어진다. 우리가 평소 오른쪽 방향으로 시선을 옮기면서 시간을 좇아가는 작업에 익숙해 있기 때문이다. 따라서 표가 가로 방향으로 다소 길게 늘어지더라도 시계열 항목은 가로축에 배치한다.

하지만 하루 단위로 세밀하게 나눈 예정표를 1개월 분 만드는 경우 등은 가로 방향으로 너무 길게 늘어지게 된다. 이럴 때는 어쩔 수 없이 시계열 데이터라도 세로축에 배치한다.

> **복습하기**
>
> ① 데이터베이스의 표에서 상품명 등은 표현을 잘 가다듬어 동일하게 입력한다. 외래어 표기에 주의가 필요하며, 숫자나 기호 등은 반각이나 전각 등을 반드시 일치시켜야 한다.
> ② 표현에 차이가 있는 경우에는 '바꾸기' 기능이나 함수를 사용하여 효율적으로 통일한다.
> ③ 표는 세로 방향으로 진행되는 레이아웃을 잡고 항목명을 보기 좋게 세로축과 가로축에 배치한다.

CHECK POINT

셀의 내용은 숫자인가, 수식인가?

붙여넣기 했더니 알 수 없는 영문자가 표시되었다!

'기존 표에서 필요한 데이터를 복사하여 새로운 표를 만든다.' 이는 시간과 수고를 덜기 위해 자주 활용하는 표 만들기 방법이다. 그런데 마이가 매출 데이터의 표에서 '상품명'과 '금액'을 복사했더니 '금액' 열의 내용을 붙여넣기 하자마자 '#REF!'라는 익숙하지 않은 영어 메시지가 뜨고 말았다.

이와 비슷한 경험을 한 사람이 적지 않을 것이다. 사실 이러한 오류 발생의 배후에는 엑셀을 잘 다루기 위해 반드시 알아야 할 중요한 포인트가 숨겨져 있다.

우리가 평소 대하는 시트에는 많은 숫자나 문자가 표시되어 있다. 그러나 그 데이터들이 전부 키보드를 통해 입력된 내용 그대로라고는 단언할 수 없다. **셀의 겉모습과 셀에 내포되어 있는 내용에 차이가 있을 수 있기 때문**이다. 그것이 바로 '값'과 '수식'의 차이이다.

우리가 일상 업무에서 **셀에 입력하는 내용은 크게 '값'과 '수식'의 두 종류**로 나뉜다.

'**값**'이란 숫자나 문자 등 키보드를 통해 입력하는 데이터이다. '200'이라 입력하고 'Enter' 키를 누르면 셀에는 '200'이라고 표시된다.

그에 반해 '**수식**'이란 엑셀에 계산을 시키기 위한, 이를테면 지시문이다. 맨 처음에 '='를 입력하고 계산식을 입력한 다음 'Enter' 키를 누르면, 셀에는 그 계산을 한 결과가 표시된다.

예를 들어 셀 A2에 '150', 셀 B2에 '50'이 입력되어 있는 경우, 임의의 빈 셀에 '=A2+B2'라는 덧셈 식을 입력하면 계산 결과로 '200'이라고 표시된다.

다시 말해 셀에 '200'이라는 숫자가 표시되어 있다면 이는 두 가지 경우를 생각할 수 있다. 하나는 키보드로 '200'이라 입력한 '값'인 경우

셀에 입력하는 내용은 두 종류가 있다

값	문자, 숫자, 날짜 등 키보드를 통해 직접 입력하는 데이터. 예) 200, 잠부름홍차, 2020/12/30
수식	엑셀에 계산이나 처리를 시키기 위한 지시문. 입력 후, 셀에는 계산 결과가 표시된다. 예) =A2 + B2

일상 업무에서 셀에 입력하는 내용은 '값'과 '수식'으로 나뉜다. 수식에 관해서는 116쪽에서 자세히 설명한다.

셀에는 결과, 수식 입력줄에 식 표시

	F	G	H	I	J	K
1	상품명	단가	수량	금액		
2	마파람차	150	26	3,900		
3	땅끝마을의천연수	110	35	3,850		
4	잠부름홍차	140	23	3,220		
5	코라콜라	130	18	2,340		
6	알프스투명광채수	120	28	3,360		
7	윙크윙크수	130	37	4,810		
8	청레몬에이드	140	34	4,760		
9	시큼레몬	140	46	6,440		
10	밀티변신수	140	31	4,340		
11	알프스정제수	150	33	4,950		
12	상쾌소다	120	27	3,240		

I2 = G2*H2 ❷

❶ 수식 입력줄

수식을 입력하면 ① 셀에는 계산 결과가 표시되고 식의 내용은 ② 수식 입력줄에 표시된다.

이고, 다른 하나는 셀에는 수식이 입력되어 있고 그 계산 결과가 '200'인 경우이다.

셀의 내용이 '값'인지 '수식'인지를 알기 위해서는 '수식 입력줄'을 보면 된다.

수식 입력줄이란 열 문자가 표시된 부분 위의 공란 부분을 말한다. 셀을 클릭했을 때 수식 입력줄에는 **데이터의 본래 모습이 표시**되므로, '값'이라면 '200'이라는 입력 결과가 그대로 나온다. 하지만 수식의 경우라면 입력된 수식의 내용이 표시된다.

계산 '결과'를 복사해보자

마이가 '금액' 데이터를 복사하자 '#REF!'라는 오류 메시지가 떴다. '#REF!'는 수식에서 '참조하는 셀이 발견되지 않는다'라는 의미이다. 왜 이런 표시가 떴는지 아래 그림을 통해 설명하겠다.

원래의 표 I열에 '금액'이 표시되어 있다. I2셀에는 '3,900'이라는 숫자가 보이지만, **본래는 '단가×수량'이라는 의미를 담고 있는 수식**이

'#REF!' 오류가 표시되는 이유

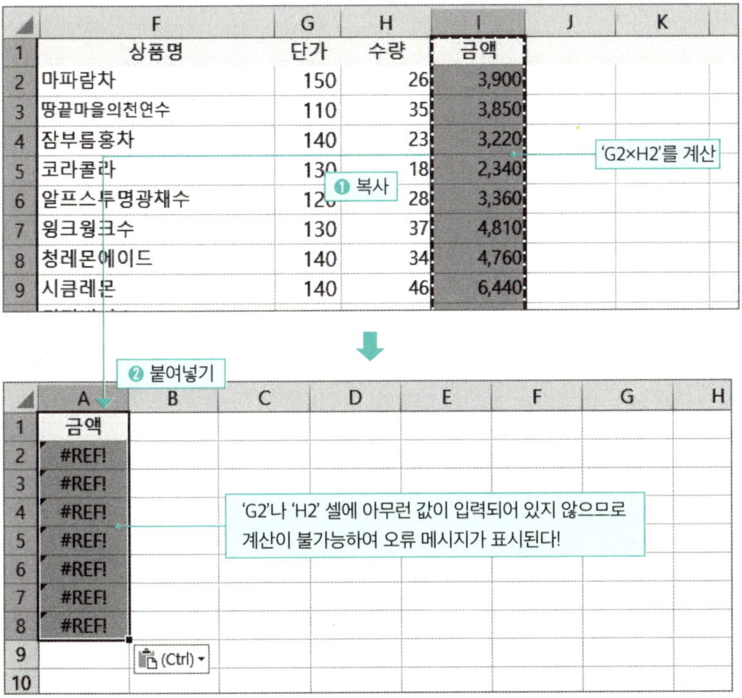

	F	G	H	I	J	K
1	상품명	단가	수량	금액		
2	마파람차	150	26	3,900		
3	땅끝마을의천연수	110	35	3,850		
4	잠부름홍차	140	23	3,220	'G2×H2'를 계산	
5	코라콜라	130	18	2,340		
6	알프스투명광채수	120	28	3,360		
7	윙크윙크수	130	37	4,810		
8	청레몬에이드	140	34	4,760		
9	시큼레몬	140	46	6,440		

❶ 복사

⬇

❷ 붙여넣기

	A	B	C	D	E	F	G	H
1	금액							
2	#REF!							
3	#REF!							
4	#REF!		'G2'나 'H2' 셀에 아무런 값이 입력되어 있지 않으므로 계산이 불가능하여 오류 메시지가 표시된다!					
5	#REF!							
6	#REF!							
7	#REF!							
8	#REF!							
9		(Ctrl)						
10								

① 수식이 입력된 I열을 복사하고 새로운 시트의 A열에 ② 붙여넣기를 하면 계산의 바탕이 되는 새로운 시트의 해당 셀에 아무런 값이 입력되어 있지 않기 때문에 '#REF!'라는 오류 메시지가 표시된다.

다. 이 I열을 복사하여 새로운 시트의 A열에 붙여넣기를 했지만 '단가'나 '수량'이 입력되어 있는 셀이 붙여넣기를 한 시트에는 존재하지 않는다. 그래서 **'단가×수량'을 계산할 수 없으므로** 오류 메시지가 표시된 것이다.

오류를 일으키지 않고 계산식의 '결과'만 다른 파일에 복사하고자 할 때 사용하는 것이 '값 붙여넣기'이다.

'값 붙여넣기'는 '붙여넣기' 옵션의 하나로 계산의 결과 값인 숫자만 붙여넣기 하는 방법이다. 그렇게 붙여넣기를 하면 이제 수식이 아닌 것이 되기 때문에 '참조하는 셀이 없다' 등의 오류는 발생하지 않는다.

옆 페이지의 그림에서는 복사할 원래의 셀과 값 붙여넣기를 한 후의

'값 붙여넣기'로 계산식의 결과를 나타낸다

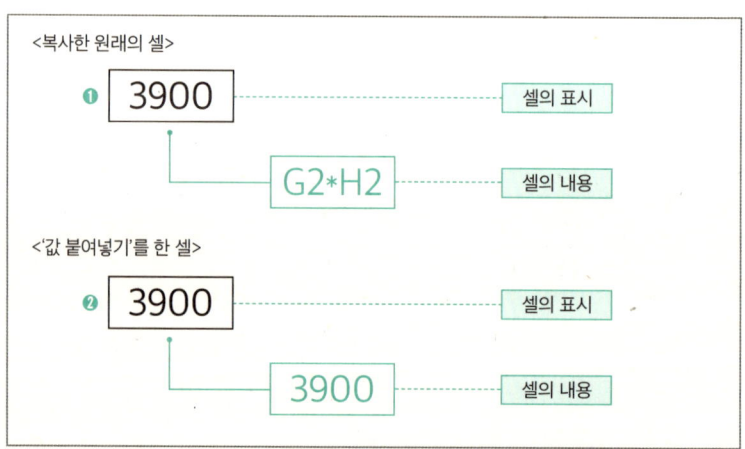

계산식이 입력된 셀 ①을 복사하여 다른 셀 ②에 '값 붙여넣기' 하면, 셀의 내용은 계산식이 아니라 계산된 결과 값인 숫자로 바뀐다. 여기서는 복사한 원래의 셀에는 '=G2*H2'라는 계산식이 입력되어 있지만 '값 붙여넣기'를 한 다음에는 원래 표시되어 있던 숫자와 같은 '3900'으로 바뀌었다.

'금액' 열을 복사하여 '값 붙여넣기'를 한다

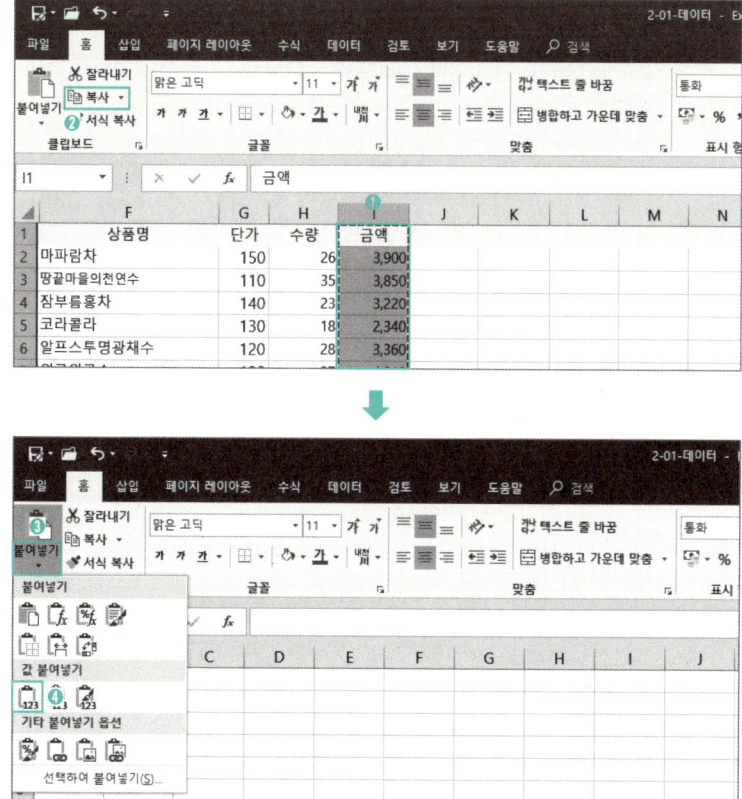

① '금액' 열을 선택하고 ② '홈' 탭에서 '복사'를 클릭. 붙여넣기 할 열을 선택하여 ③ '붙여넣기' → ④ '값'을 클릭하면 ⑤ 계산식이 값으로 대체되어 붙여넣기 할 수 있다. 이 방법으로 복사하면 '#REF!' 오류가 발생하지 않는다.

셀에 '3,900'이라 표시되고 있다. 눈으로 보기에는 똑같지만 사실 셀의 내용은 다르다. 복사한 원래의 셀에는 수식이 입력되어 있었으나, **값 붙여넣기를 한 후의 셀은 셀의 내용과 겉모습이 똑같이 '값'으로 바뀌어 있다.**

'값 붙여넣기'의 구체적인 조작은 앞 페이지 그림을 참고하기 바란다. 아울러 무심코 보통의 붙여넣기를 했다고 하더라도 걱정할 필요는 없다. 붙여넣기를 하면 우측에 '붙여넣기 옵션' 단추가 표시되는데 이곳을 클릭하여 다시 '값'을 선택하면 '값 붙여넣기'로 수정할 수 있다.

복습하기

① 셀에 입력하는 내용에는 '값'과 '수식'의 두 종류가 있다.
② 수식을 입력한 셀에는 계산 결과가 표시된다. 수식의 내용은 셀을 클릭한 다음 수식 입력줄을 살펴보면 바로 확인할 수 있다.
③ 별도의 표에 계산 결과만 복사하고 싶다면 '값 붙여넣기'를 이용한다.

3

5대 함수만 마스터하면 두렵지 않다

◀ 오른쪽에서 왼쪽으로 읽어주세요.

마이의 엑셀 이야기 ❸

최근 마이는 숫자 노이로제가 줄어

어라라? 마이 씨가 숫자로 설명!?

제안의 폭이 무척 넓어졌다.

전에는 데이터만 봐도 수선부터 떨더니만.

네, 그랬죠.

마이, 요즘 정말 달라졌어.

마이의 영업부 선배
오니시 나카토시

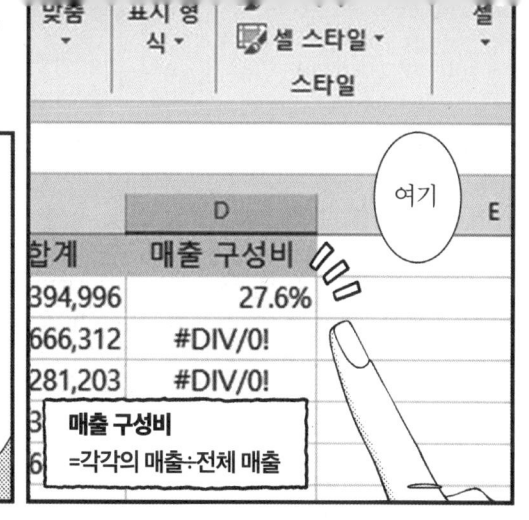

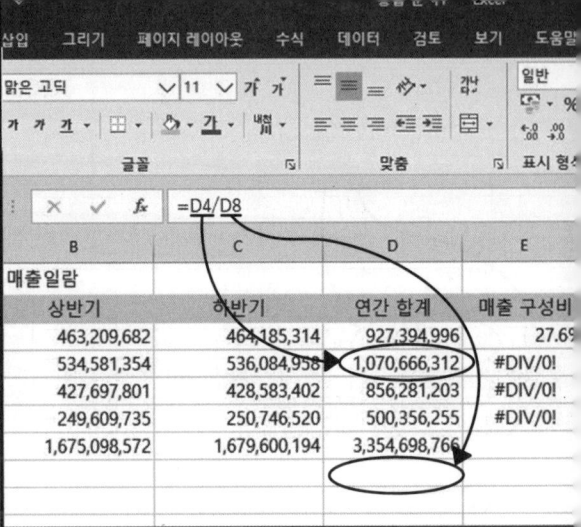
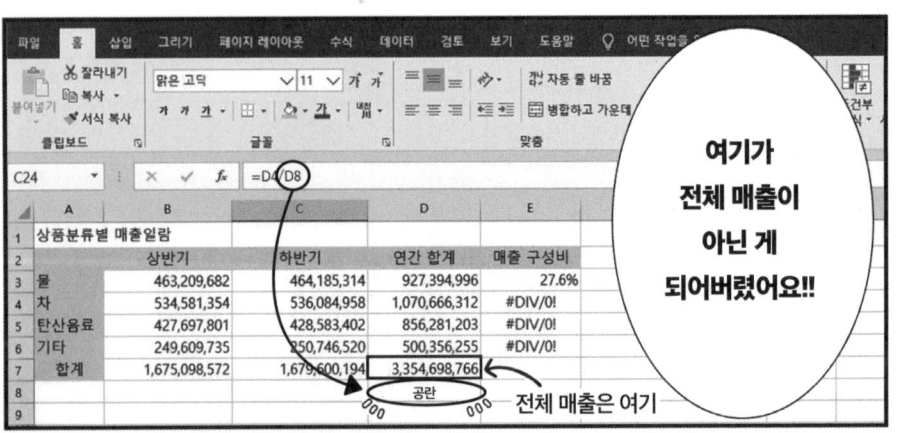

준비 1
데이터 일람표를 준비한다

	A	B	C	D
1	상품코드	분류	상품명	정가
2	W01	물	알프스투명광채수	120
3	W02	물	땅끝마을의천연수	110
4	T01	차	마파람차	150
5	T02	차	잠부름홍차	140
6	S01	탄산음료	코라콜라	130
7	S02	탄산음료	윙크탄산수	130
8	S03	탄산음료	시큼레몬	140
9	S04	탄산음료	상쾌소다	120
10	S05	탄산음료	밀티변신수	140
11	M01	기타	알프스정제수	150
12	M02	기타	비타민골드	200
13	M03	기타	청레몬에이드	140

상품코드는 왼쪽 열에 입력한다

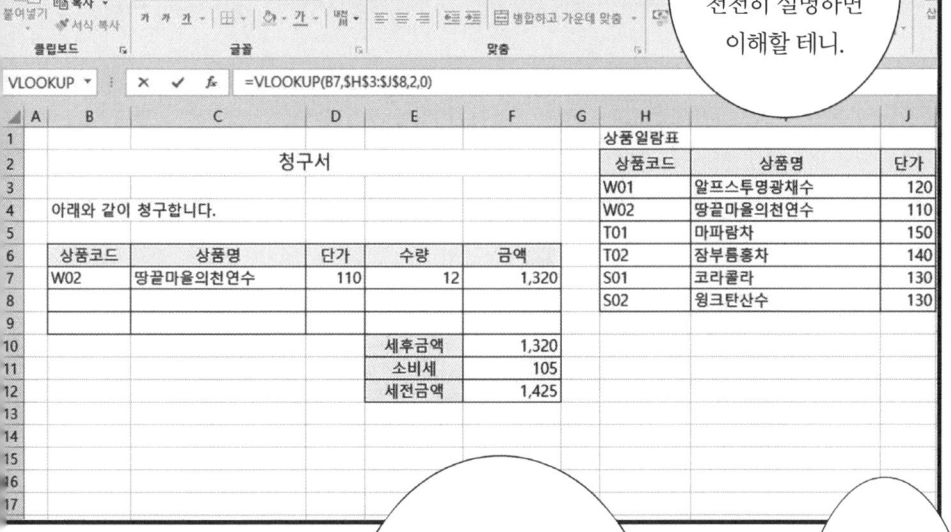

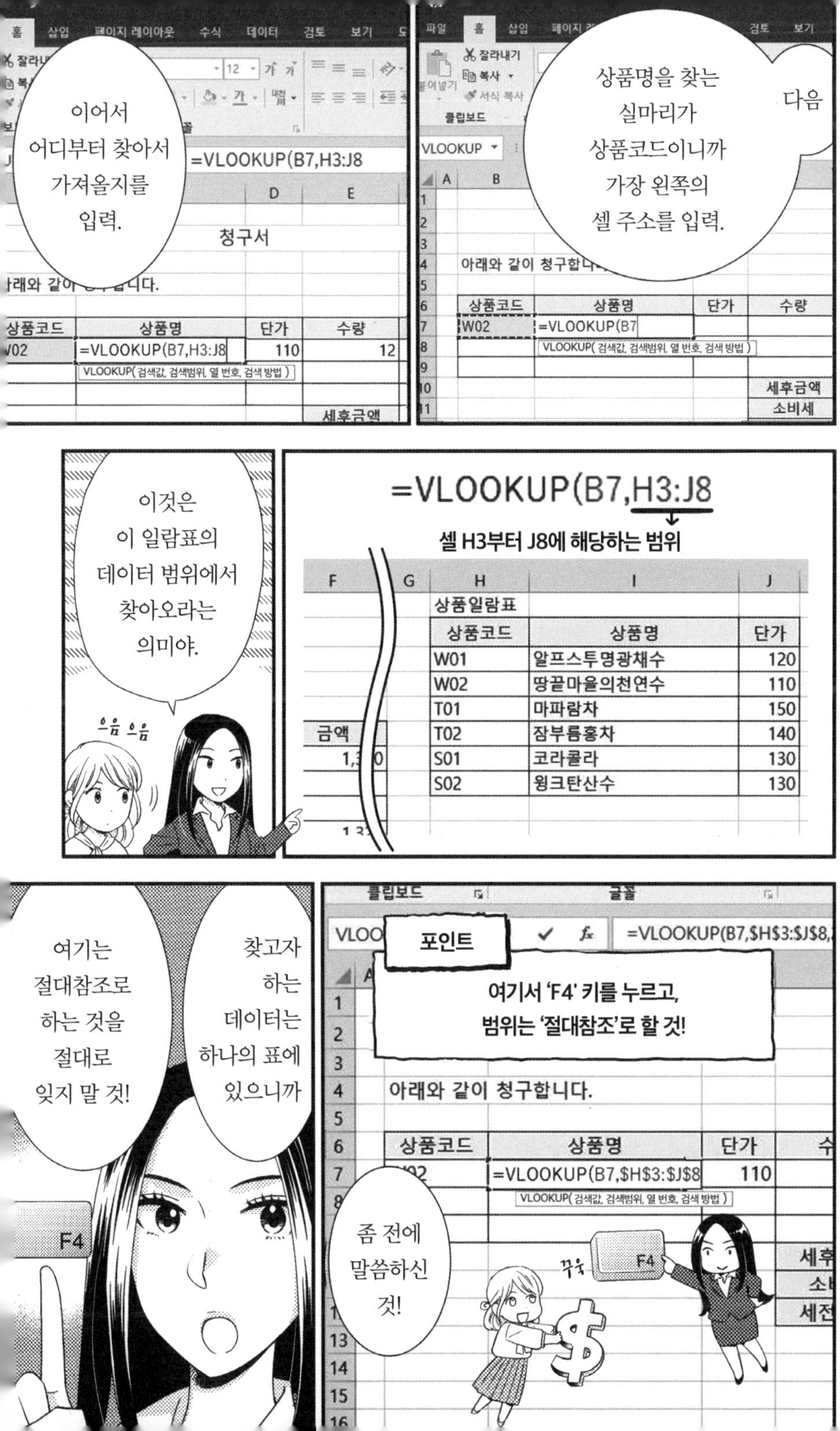

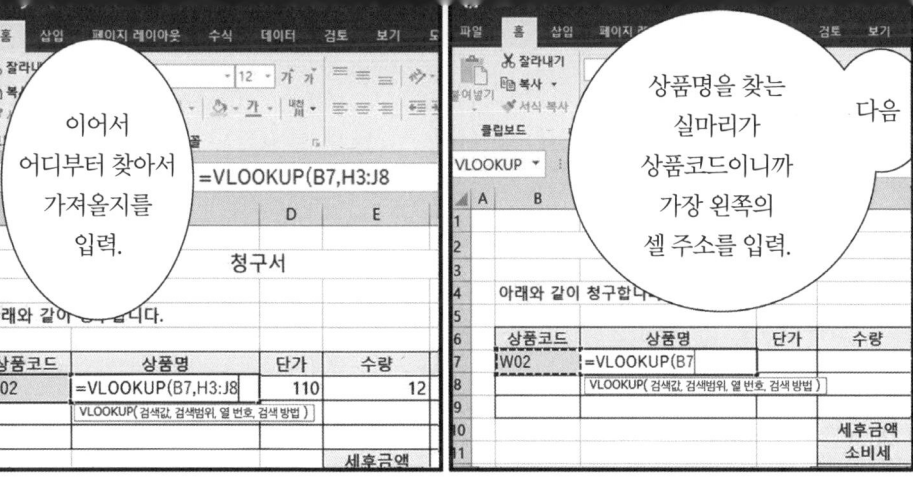

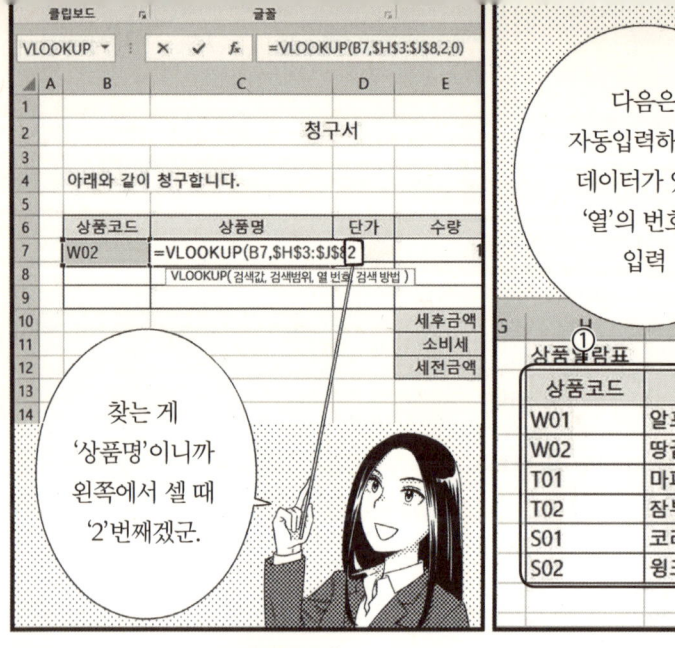

CHECK POINT

남에게 묻지 못한 수식 이야기

수식과 함수는 어떻게 다른가?

3장에서는 '함수'에 대해 설명한다. 그런데 만화에서 마이는 자신도 모르게 뒷걸음질 칠 만큼 함수라면 아주 질색하는 것 같은데 마찬가지로 마이처럼 함수라면 손사래부터 치는 사람이 적지 않을 것이다.

자, 먼저 **'함수'**와 **'수식'**이 어떻게 다른지 설명할 수 있는가?

'수식'이란 엑셀에서 계산을 수행하도록 하는 지시문이다. 반면에 **'함수'는 수식의 일종으로, 간단한 지정만으로 복잡한 계산을 대신 수행해주는 기능**을 말한다. 이 둘의 구별이 모호하여 계산은 모두 함수를 통해 처리하는 것으로 오해하는 사람이 많은 것 같다.

예를 들어 업무에서 자주 사용되는 계산 중 '매출목표 달성률'이라든지 '매출 구성비'라는 것이 있다. 이러한 계산 수행을 위해 사용되는 함

맨 앞에 '='이 붙은 것은 모두 '수식'

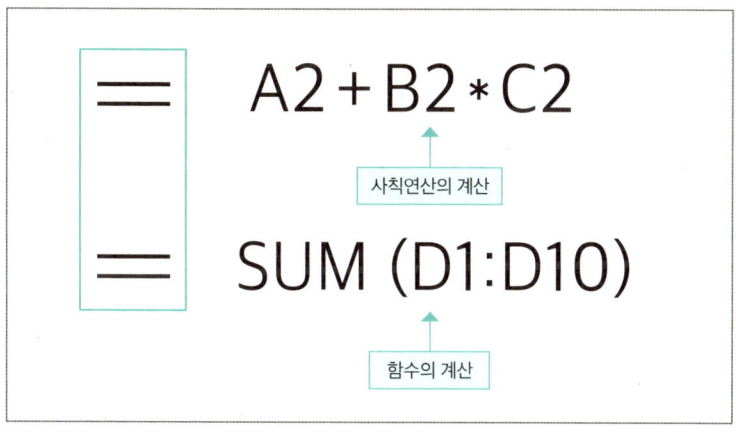

수식이란 엑셀에서 계산이나 처리를 수행하도록 하는 지시문으로, '='로 시작하라는 규칙이 정해져 있다. 함수는 이러한 수식의 일종이다.

수가 있는지 검색한 경험이 있는가?

결론부터 말하자면 '매출목표 달성률'이나 '매출 구성비'를 구하는 함수는 존재하지 않는다. 이 둘은 수식을 사용하여 계산하기 때문이다. 그럼 수식이 무엇인지 설명하겠다.

'수식'이라는 말을 들으면 우선 떠올리는 것이 덧셈이나 뺄셈 등의 계산식이다. 이러한 계산이나 처리를 수행하라는 명령문으로, 맨 앞에 이퀄, 즉 '=' 표시로 시작하여 나타낸다. '='로 시작되는 모든 것은 수식으로 보면 된다. **함수도 맨 앞에 '='으로 시작하므로, 수식의 일종**이라 할 수 있다.

'함수'는 귀찮은 계산을 대신해주는 공식으로, 계산이나 처리를 수행하는 적절한 종류를 골라 사용한다. 덧셈 뺄셈 곱셈 나눗셈과 같이 간단

수식에서 주로 사용하는 기호와 계산 순서

기호	의미	입력 예
+	덧셈	=3+2
-	뺄셈	=3-2
*	곱셈	=3*2
/	나눗셈	=3/2

= 3+ 2*4 ➡ = (3+2)*4

위 기호를 입력하면 덧셈 뺄셈 곱셈 나눗셈 등을 계산할 수 있다. '*' '/'은 '+' '―'보다 우선하여 계산되므로 순서를 변경하려면 먼저 계산하고 싶은 부분을 괄호로 묶어야 한다.

한 계산은 수식을 사용하고, 수작업으로 처리하기 복잡한 계산이나 사용 빈도가 높은 계산은 함수를 이용하는 것으로 이해하면 된다.

우선 수식의 기본 규칙을 알아보겠다. **덧셈 뺄셈 곱셈 나눗셈의 기호로는 '+' '-' '*' '/'를 각각 사용**한다. 계산 순서는 우리가 수학 시간에 이미 배웠듯이 왼쪽에서부터 차례대로 한다. **그렇지만 곱셈(*)과 나눗셈(/)을 덧셈(+)과 뺄셈(-)보다 먼저 계산한다는 것**을 모르는 사람은 없을 것이다. 만약 순서를 변경하고 싶다면 먼저 계산해야 할 부분을 괄호로 묶으면 된다.

즉 '=3+2*4'이라는 수식에서는 '2*4'가 먼저 계산되고 그 결과 값에 '3'을 더한다. 만약 '3+2'를 먼저 계산해야 한다면 이 부분을 괄호로 묶어 '=(3+2)*4'로 적어야 한다.

'매출목표 달성률'을 구하는 수식을 입력한다

그럼 이제 배운 걸 실제로 연습해보자. 영업 자료 등에서 자주 접하는 '매출목표 달성률'을 구해본다. **매출목표 달성률은 매출 실적이 매출목표의 몇 %를 달성했는지를 나타내는 수치로, 연매출 합계÷매출목표'를 통해 계산할 수 있다.** 결과가 100% 이상이라면 매출목표를 달성한 셈이지만 100% 미만이라면 미달성이다.

다음 페이지 그림을 보면 상품분류별로 매출목표와 연매출 합계가 집계되어 있다. F3 셀의 '물'로 분류된 음료의 매출목표 달성률을 구하려면 '연매출 합계÷매출목표'를 나타내는 식을 입력한다.

그래서 수식을 입력하기 위해 F3 셀을 선택했으면 가장 먼저 '='을 쳐야 한다. '='이 없으면 계산을 수행하지 않기 때문이다. 이어 연매출 합계가 입력된 E3 셀을 클릭하면 F3 셀에는 '=E3'라는 셀 주소가 표시되고 E3 셀이 점멸한다.

엑셀에서 수식을 입력할 때는 키보드를 이용하기보다는 가급적 그 숫자가 입력된 셀 주소를 클릭하는 방법으로 입력한다. 키보드 입력보다는 클릭하는 게 빠른데다가 셀을 잘못 지정할 염려가 없기 때문이다. 여기서는 '물'의 연매출 합계가 입력된 E3 셀을 선택했다. 이렇게 하면 E3 셀의 값에 변경이 생겼을 때 계산 결과도 자동으로 연동되어 바뀌기 때문에 아주 편리하다. 이것을 '재계산'이라고 부르는데 엑셀의 수식에서 얻을 수 있는 가장 큰 장점이다. 그러므로 '/'와 같은 기호 종류는 키보드로 입력하되, 셀 주소는 직접 셀을 클릭하여 입력한다는 식으로 구분하여 사용한다.

수식의 입력이 완료되면 F3 셀에는 소수로 매출목표 달성률이 구해진다. 셀에는 계산 결과가 표시되지만, 수식의 내용은 수식 입력줄을 보면 바로 확인이 가능하다.

이번에는 다른 상품 분류의 매출목표 달성률을 구해보자. F4에서 F6 셀의 목표 달성률을 구하는 식은 F3 셀과 마찬가지로 각각 분류된 항목의 '연매출 합계÷매출목표'가 된다.

똑같은 내용의 수식을 효율적으로 입력하려면 복사를 사용한다.

매출목표 달성률을 구한다

	A	B	C	D	E	F	G	H	I
1	상품분류별 매출 일람								
2		상반기	하반기	매출목표	연매출 합계	매출목표 달성률			
3	물	463,209,682	464,185,314	950,000,000	927,394,996	=E3			
4	차	534,581,354	536,084,958	1,000,000,000	1,070,666,312				
5	탄산음료	427,697,801	428,583,402	930,000,000	856,281,203				
6	기타	249,609,735	250,746,520	480,000,000	500,356,255				
7	합계	1,675,098,572	1,679,600,194	3,360,000,000	3,354,698,766				

F3 셀을 클릭하여 '='을 입력 후 E3 셀을 클릭한다.

	A	B	C	D	E	F	G	H	I
1	상품분류별 매출 일람								
2		상반기	하반기	매출목표	연매출 합계	매출목표 달성률			
3	물	463,209,682	464,185,314	950,000,000	927,394,996	=E3/D3			
4	차	534,581,354	536,084,958	1,000,000,000	1,070,666,312				
5	탄산음료	427,697,801	428,583,402	930,000,000	856,281,203				
6	기타	249,609,735	250,746,520	480,000,000	500,356,255				
7	합계	1,675,098,572	1,679,600,194	3,360,000,000	3,354,698,766				

'/'을 입력하고 D3 셀을 클릭한 다음 'Enter' 키를 누른다.

	A	B	C	D	E	F	G	H	I
1	상품분류별 매출 일람								
2		상반기	하반기	매출목표	연매출 합계	매출목표 달성률			
3	물	463,209,682	464,185,314	950,000,000	927,394,996	0.976205259			
4	차	534,581,354	536,084,958	1,000,000,000	1,070,666,312				
5	탄산음료	427,697,801	428,583,402	930,000,000	856,281,203				
6	기타	249,609,735	250,746,520	480,000,000	500,356,255				
7	합계	1,675,098,572	1,679,600,194	3,360,000,000	3,354,698,766				

F3 셀에 물로 분류된 음료의 매출목표 달성률이 구해졌다.

자동채우기로 수식을 복사해 넣는다

	A	B	C	D	E	F
1	상품분류별 매출 일람					
2		상반기	하반기	매출목표	연매출 합계	매출목표 달성률
3	물	463,209,682	464,185,314	950,000,000	927,394,996	0.976205259
4	차	534,581,354	536,084,958	1,000,000,000	1,070,666,312	
5	탄산음료	427,697,801	428,583,402	930,000,000	856,281,203	
6	기타	249,609,735	250,746,520	480,000,000	500,356,255	
7	합계	1,675,098,572	1,679,600,194	3,360,000,000	3,354,698,766	
8						
9						

	A	B	C	D	E	F
1	상품분류별 매출 일람					
2		상반기	하반기	매출목표	연매출 합계	매출목표 달성률
3	물	463,209,682	464,185,314	950,000,000	927,394,996	0.976205259
4	차	534,581,354	536,084,958	1,000,000,000	1,070,666,312	1.070666312
5	탄산음료	427,697,801	428,583,402	930,000,000	856,281,203	0.920732476
6	기타	249,609,735	250,746,520	480,000,000	500,356,255	1.042408865
7	합계	1,675,098,572	1,679,600,194	3,360,000,000	3,354,698,766	
8						
9						

① F3 셀을 선택하고 ② 오른쪽 아래 모서리 부분에 생성된 채우기 핸들(+자 모양)을 아래로 드래그하면, 수식이 복사되어 다른 상품 분류의 매출목표 달성률도 구할 수 있다.

수식의 입력에서는, 맨 처음 셀 하나를 수작업으로 입력했으면 다음부터는 복사로 처리하는 것이 보통이다. 참고로 인접해 있는 셀로 복사할 때는 '복사'와 '붙여넣기' 기능을 이용하기보다는 드래그 조작만으로 일거에 처리하는 '자동채우기' 기능을 사용하는 것이 더 효율적이다.

'자동채우기'란, 수식이 입력된 셀의 오른쪽 아래 모서리 부분에 마우스 포인터를 맞추어 드래그해가는 조작이다. 드래그의 방향은 아래쪽이나 오른쪽의 두 방향으로 가능한데 그림의 예에서는 아래 방향으로 드래그하고 있다.

자동채우기를 끝마치면 해당되는 셀마다 각각의 매출목표 달성률이 소수로 표시되어 나타난다. **수식을 복사한 다음에는 반드시 결과를 확인하는 습관을 들인다.** F4, F5, F6 등 수식이 복사된 셀을 하나씩 클릭하고 수식 입력줄을 살펴보면, 수식 안의 셀 주소가 저마다 올바른 셀을 가리키는지 확인할 수 있다.

구해진 매출목표 달성률은 소수로 표시된다. 100%는 '1'을 나타내므로 결과가 '1' 이상이면 달성률은 100% 이상을 의미하며, '1'에 미치지 못하는 '0.9' 같은 숫자라면 90%, 즉 목표를 달성하지 못한 결과라 할 수 있다. 이처럼 소수의 상태로는 직관적으로 이해하기 어려우므로

복사된 수식을 확인해본다

F 열의 각각의 셀을 클릭하여 수식 입력줄에서 계산식의 내용을 확인하면 매출목표 달성률이 올바르게 구해졌는지 알 수 있다.

소수점 아래 첫째자리까지로 백분율 표시를 한다

	A	B	C	D	E	F
1	상품분류별 매출 일람					
2		상반기	하반기	매출목표	연매출 합계	매출목표 달성률
3	물	463,209,682	464,185,314	950,000,000	927,394,996	97.6%
4	차	534,581,354	536,084,958	1,000,000,000	1,070,666,312	107.1%
5	탄산음료	427,697,801	428,583,402	930,000,000	856,281,203	92.1%
6	기타	249,609,735	250,746,520	480,000,000	500,356,255	104.2%
7	합계	1,675,098,572	1,679,600,194	3,360,000,000	3,354,698,766	

① 매출목표 달성률의 셀을 선택하고 '홈' 탭의 ② '백분율 스타일', ③ '자릿수 늘림'을 클릭하면 계산 결과를 '0.0%' 등으로 표시할 수 있다.

'%'라는 백분율 표시로 변경한다.

'홈' 탭의 **'백분율 스타일' 단추를 사용하면, '0.976…'이 '98%'로 소수점 이하는 반올림 상태로 나타난다.** 정밀도를 좀 더 높이려면 '자릿수 늘림' 단추를 한 번만 눌러 '97.6%'와 같이 소수점 아래 첫째자리까지 표시하면 된다.

매출 구성비는 '절대참조'로 구한다

매출목표 달성률에서는 맨 처음 구한 수식의 셀을 아래로 드래그하는 '자동채우기' 기능을 통하여 다른 분류의 매출목표 달성률도 쉽게 구할 수 있었다. 그 과정을 도식화한 것이 아래 그림이다. F3 셀을 아래로 드래그하여 복사하면, 수식 안 셀 주소의 행 번호가 1단위씩 늘어나면서 아래로 이동한다. 예를 들어 F4 셀의 수식에서는 E4/D4로, F5 셀의 수식에서는 E5/D5로 행 번호가 1단위씩 증가하고 있다.

이처럼 수식을 복사하면 같은 방향으로 셀 참조도 함께 이동하는 구조를 '상대참조'라고 한다. 상대참조의 방식으로 작용하기 때문에 아래로 드래그하여 수식을 복사할 때 셀 주소가 함께 바뀌어 각 분류에 해당하는 매출목표 달성률이 올바르게 구해지는 것이다.

그러나 수식의 내용에 따라서는 '복사할 때 함께 이동하는 방식'인 상대참조가 오히려 문제를 일으키는 경우가 있다. 그 대표적인 예가 매

수식을 복사하면 셀 참조도 함께 이동(상대참조)

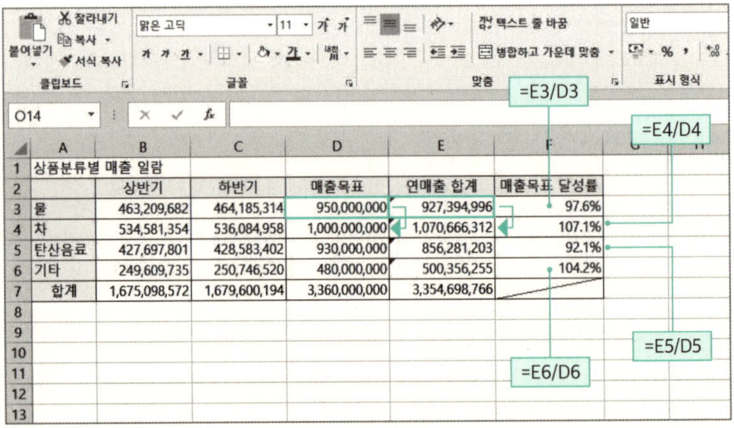

	A	B	C	D	E	F
1	상품분류별 매출 일람					
2		상반기	하반기	매출목표	연매출 합계	매출목표 달성률
3	물	463,209,682	464,185,314	950,000,000	927,394,996	97.6%
4	차	534,581,354	536,084,958	1,000,000,000	1,070,666,312	107.1%
5	탄산음료	427,697,801	428,583,402	930,000,000	856,281,203	92.1%
6	기타	249,609,735	250,746,520	480,000,000	500,356,255	104.2%
7	합계	1,675,098,572	1,679,600,194	3,360,000,000	3,354,698,566	

=E3/D3, =E4/D4, =E5/D5, =E6/D6

매출목표 달성률 계산에서는 F3 셀의 수식을 아래로 복사하면 수식 안의 셀 주소도 함께 아래로 변동되었다(상대참조). 이런 방법으로 올바른 결과가 얻어진다.

출 구성비의 계산이다.

매출 구성비란 개별 매출이 전체 매출에서 차지하는 비율이다. 따라서 **상품분류별 매출 구성비는 '각 분류별 매출÷전체 매출'이라는 식**으로 구해진다. 즉 E3 셀에서 '물'의 매출 구성비를 구하는 수식은 '=D3/D7'이 된다.

그런데 다른 분류의 매출 구성비를 구하는 경우 '각 분류별 매출÷전체 매출'이라는 수식 중 '전체 매출' 셀은 항상 D7로 고정돼 있어야만 한다. 하지만 매출목표 달성률을 구할 때처럼 E3 셀의 수식을 아래로 복사하면 어떤 일이 벌어질까? 전체 매출을 나타내는 셀 주소 D7도 D8, D9··· 등과 같이 1단위 증가할 것이다. 이래서는 맨 처음 행을 제외

매출 구성비를 구한다 (절대참조)

	A	B	C	D	E	F
1	상품분류별 매출 일람					
2		상반기	하반기	연간합계	매출 구성비	
3	물	463,209,682	464,185,314	927,394,996	27.6%	=D3/D7
4	차	534,581,354	536,084,958	1,070,666,312	31.9%	=D4/D7
5	탄산음료	427,697,801	428,583,402	856,281,203	25.5%	=D5/D7
6	기타	249,609,735	250,746,520	500,356,255	14.9%	=D6/D7
7	합계	1,675,098,572	1,679,600,194	3,354,698,766		

매출 구성비를 구하려면 E3 셀에 '=D3/D7'이라는 수식을 입력한다. 이 수식을 자동채우기를 통해 아래로 복사했을 때 D7 셀도 1단위씩 바뀌어서는 안 되기 때문에 D7 셀은 '절대참조'로 설정한다.

D7 셀을 '절대참조'로 설정하여 매출 구성비를 구한다

	A	B	C	D	E	F	G
1	상품분류별 매출 일람						
2		상반기	하반기	연간합계	매출 구성비		
3	물	463,209,682	464,185,314	927,394,996	=D3/D7		
4	차	534,581,354	536,084,958	1,070,666,312			
5	탄산음료	427,697,801	428,583,402	856,281,203			
6	기타	249,609,735	250,746,520	500,356,255			
7	합계	1,675,098,572	1,679,600,194	3,354,698,766			
8							

E3 셀에 '=D3/D7'로 각 셀 주소를 클릭하여 수식을 입력한 다음 D7 셀이 점멸하고 있는 동안에 'F4' 키를 누른다.

	A	B	C	D	E	F	G
1	상품분류별 매출 일람						
2		상반기	하반기	연간합계	매출 구성비		
3	물	463,209,682	464,185,314	927,394,996	=D3/$D$7		
4	차	534,581,354	536,084,958	1,070,666,312			
5	탄산음료	427,697,801	428,583,402	856,281,203			
6	기타	249,609,735	250,746,520	500,356,255			
7	합계	1,675,098,572	1,679,600,194	3,354,698,766			
8							

'D7'에 '$' 기호가 붙어 절대참조($D$7)로 바뀐 것을 확인한 다음 'Enter' 키를 눌러 입력을 완료한다.

	A	B	C	D	E	F	G
1	상품분류별 매출 일람						
2		상반기	하반기	연간합계	매출 구성비		
3	물	463,209,682	464,185,314	927,394,996	0.27644658		
4	차	534,581,354	536,084,958	1,070,666,312	0.31915423		
5	탄산음료	427,697,801	428,583,402	856,281,203	0.25524831		
6	기타	249,609,735	250,746,520	500,356,255	0.14915087		
7	합계	1,675,098,572	1,679,600,194	3,354,698,766			
8							

E3 셀을 선택하고 자동채우기를 실행하면 다른 상품 분류의 매출 구성비가 올바르게 구해진다. 123쪽을 참고하여 결과를 백분율 표시로 바꿔준다.

하고는 올바른 매출 구성비가 구해지지 않는다. 전체 매출을 나타내는 D7 셀 주소는 결코 이동되어서는 안 되기 때문이다.

그래서 수식 안의 셀 주소 'D7'은 이동함이 없이 고정되도록 '절대참조'로 만들어야 한다. **셀 주소를 절대참조로 만들려면 수식 안에서 셀 주소 부분을 클릭하여 선택해놓고 'F4' 키를 누른다.** 그러면 셀 주소에 '$' 기호가 추가되어 '$D$7'이라는 절대참조의 표시로 바뀐다. 그다음 수식을 복사하면 절대참조로 설정해놓은 D7셀은 숫자가 바뀌지 않고 그대로 늘 고정된다.

한편 각 분류별 매출금액이 입력된 셀은 상대참조를 해야 되므로 자동채우기로 복사하면 수식 안에서 1단위씩 아래로 이동한다. 이처럼 어떤 셀은 상대참조를 하고 또 어떤 셀은 절대참조를 해야 전체 매출에서 차지하는 각각의 분류별 매출 구성비가 올바르게 구해진다.

복습하기

① 함수는 수식의 일종. 우선 사칙연산의 수식을 만들 수 있도록 연습하자.
② 수식은 맨 앞에 '='을 입력하고 '+' '-' '*' '/' 등의 기호를 사용해 지정한다.
③ 수식을 복사해도 참조하는 셀 주소가 이동하지 않고 고정되게 하려면 해당 셀을 선택하여 '절대참조'로 변경한다.

CHECK POINT

함수는 다섯 가지만 알면 된다

업무가 빨라지는 함수 입력 방법을 익힌다

함수란 수식의 일종으로, 복잡한 계산을 처리해주는 기능이다. 함수의 이름이나 계산에 필요한 요소를 지정하기만 하면 필요한 계산을 수행하여 셀에 결과를 나타내준다.

예를 들어 금액이나 인원수 합계를 구할 때는 보통 SUM(섬) 함수를 사용한다. 합계는 덧셈이므로 '+' 기호로 '=A1+A2+A3+…'처럼 입력해도 계산 자체는 문제없이 처리할 수 있다. 그렇지만 더해야 하는 수가 100개라면 어떨까? 수작업으로는 도저히 입력할 엄두가 나지 않을 것이다.

대신 '=SUM(A1:A100)'이라고 지정하면, A1에서 A100까지의 셀 값이 순식간에 더해진다. 합계 대상이 되는 수가 100건이든 1만 건이든

함수의 구조

함수는 맨 앞에 '='을 입력하고 '함수명'을 지정한 다음, 계산의 재료가 되는 '인수'를 괄호 안에 넣는다. 인수가 여럿 있을 때는 규칙상 쉼표(,)로 구분한다.

SUM 함수를 쓰면 순식간에 계산할 수 있다.

업무 처리는 효율이 최고이다. 함수를 알고 있는지 여부로 업무 처리 속도에 엄청난 차이가 발생한다. **시간과 노력을 최소화하기 위해서라도 함수 활용 능력은 매우 중요**하다.

함수는 무엇을 처리하고 계산하는가에 따라 종류가 다양하다. 합계를 구할 때는 SUM(섬) 함수, 평균을 구하려면 AVERAGE(애버리지) 함수, 셀의 개수를 알려면 COUNT(카운트) 함수와 같이 작업에 맞는 함수를 선택하여 사용한다.

어떤 함수라도 구조는 동일하다. **맨 앞에 '=', 그다음에 사용하고자 하는 함수명을 입력한다. 괄호로 둘러싸인 부분은 '인수'인데 여기에 계산이나 처리에 필요한 요소를 지정**한다.

인수로는 셀 주소와 문자나 숫자 등을 사용하며 어떤 것이 사용될지는 함수에 따라 다르다. 아울러 **인수가 여럿 있을 때는 규칙상 쉼표(,)로 구분**한다.

업무가 빨라지는 함수 입력 순서

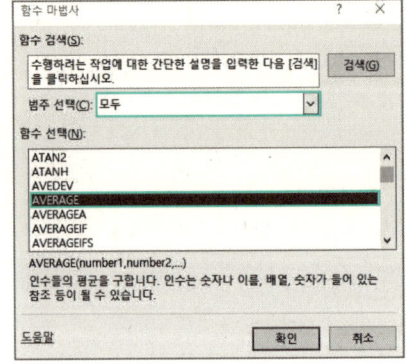

함수를 입력하고자 하는 셀을 선택하고
단추 클릭

'모두'를 선택하면 아래 목록에 함수 이름이 알파벳 순서로 표시된다. 여기서 함수 이름을 선택하고 '확인' 클릭

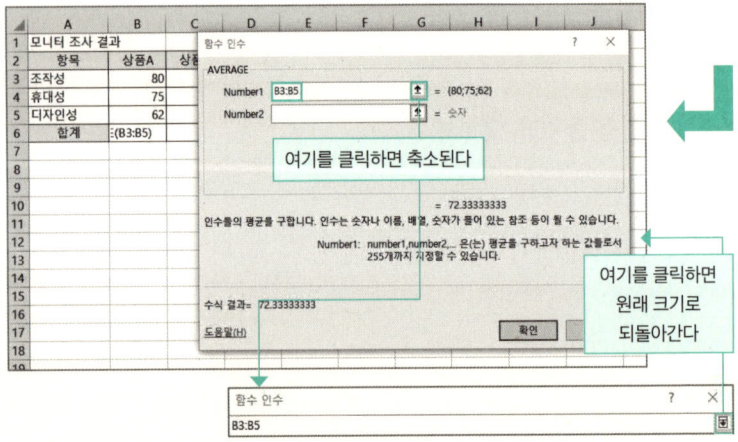

인수 지정 화면이 열린다. 여기서 인수 항목을 차례차례 클릭하여 필요한 인수를 지정한다. 참고로 인수 항목의 오른쪽 단추를 클릭하면 간편 화면으로 바뀐다.

함수식을 입력하면 셀에는 계산 결과가, 수식 입력줄에는 함수식이 표시된다. 인접하는 셀에도 같은 함수식을 넣으려면 자동채우기로 복사한다.

함수를 입력하는 방법은 다양하지만, **우선은 이 페이지의 그림에 서 사용한 입력 방법을 기억했으면 한다. 이 방법이라면 '=' 기호나 함수 이름을 입력할 필요가 없는데다가 인수를 구분하는 쉼표나 괄 호들도 자동적으로 추가**되므로 입력 오류를 일으킬 우려가 작다.

엑셀의 함수는 300종류 이상으로 매우 다양하다. 물론 많은 함수를 자유자재로 구사할수록 업무 효율을 높일 수 있다. 하지만 마이처럼 함 수를 처음 대하는 사람이라도 아래 표에서 소개하는 다섯 가지 함수만 익히면 업무 효율을 엄청나게 높일 수 있다.

바로 SUM(섬), COUNT(카운트), SUMIF(섬이프), COUNTIF(카운트 이프), VLOOKUP(브이룩업)이다. 그런데 300종류 이상이나 되는 많은 함수 중 왜 이 다섯 가지를 꼽았는지 궁금하지 않은가?

사실 이 다섯 가지가 업무에 사용하고 싶은 함수를 묻는 설문조사에 서 언제나 상위에 들어가는 인기 함수이기 때문이다. 많은 직장인들이

꼭 익혀야만 하는 다섯 가지 함수

함수명	기능
SUM	합계를 표시한다
COUNT	수치 데이터가 입력된 셀의 개수를 표시한다
SUMIF	조건에 맞는 셀의 수치를 합계한다
COUNTIF	조건에 맞는 셀의 개수를 표시한다
VLOOKUP	별도로 작성해놓은 코드번호 등을 참조하여 정보를 가져온다

많은 종류의 함수가 있지만, 우선은 업무에 가장 도움이 되는 다섯 가지 함수를 마스터하자.

'알고 있어서 요긴하게 써먹었다' '나도 꼭 배웠으면 한다'라고 대답한 함수들을 가장 먼저 배워두면 활용의 폭도 그만큼 넓어진다.

이 다섯 가지 함수는 난이도도 달라 아래 도표처럼 각각 초급, 중급, 상급으로 나눌 수 있다. 초급의 SUM 함수부터 상급의 VLOOKUP 함수까지 순서에 따라 하나하나 배워보자.

우선은 기본편, 'SUM' 함수로 합계를 자유자재로

합계를 구하는 SUM 함수는 사용빈도가 월등히 높아 전용 단추가 마련되어 있다. '홈' 탭의 오른쪽 끝부분에 있는 **'자동 합계'라고 쓰인 단**

세 가지 난이도별로 하나씩 살펴보자

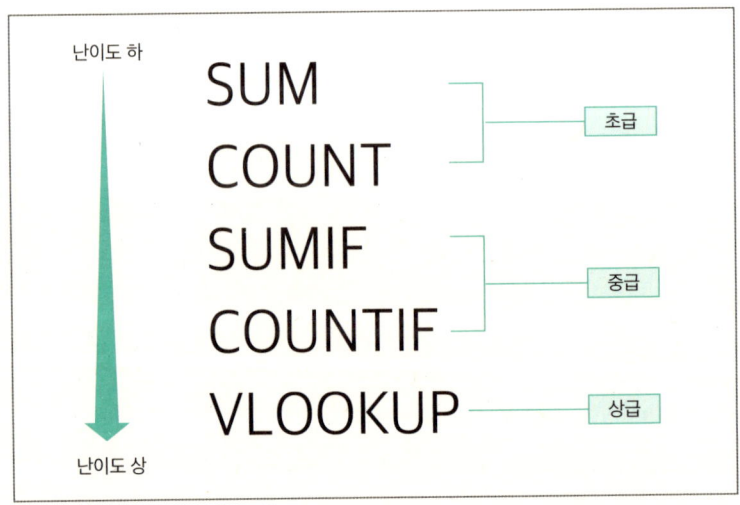

다섯 가지 함수는 난이도별로 초급, 중급, 상급으로 나뉜다. 순서에 따라 사용법을 마스터하자.

추를 클릭하는 것만으로 SUM 함수의 식인 '=SUM(○○)'가 입력된다. 괄호 안의 ○○ 부분은 합계할 범위를 나타낸다. 134쪽의 예처럼 범위를 제대로 지정하면 문제가 안 생기지만 표의 레이아웃에 따라서는 예상하지 못한 셀이 지정되기도 한다. 그럴 때는 드래그를 통해 셀 범위를 정정한다. **셀 범위가 점멸하는 동안에는 몇 번이라도 드래그를 통해 변경이 가능**하다.

입력된 SUM 함수의 식은 '=SUM(B3:B5)'로 표시된다. 여기서 인수 부분, 즉 괄호 안은 합계해야 하는 셀을 나타낸다. **'B3:B5'처럼 콜론(:)으로 구분하여 나타내는 것은 'B3에서부터 B5까지'라는 일련의 범위를 의미한다.**

경우에 따라서는 연속되지 않고 떨어져 있는 셀을 선택하여 합계해야 할 때도 있다. 134쪽의 가장 아래에 있는 그림처럼 '조작성'과 '디자인성'의 숫자만 합계하고 싶은 경우가 그렇다.

이럴 때는 B3 셀을 클릭한 다음 'Ctrl' 키를 누르면서 B5 셀을 클릭한다. 그러면 **괄호 안의 인수 영역에는 'B3, B5' 같은 식으로 합계 범위가 쉼표로 구분 지어져 표시된다.** ':'와 ','의 차이점과 지정 방법을 이해하면 더하려는 범위가 여러 곳으로 분산되어 있더라도 자유자재로 지정 가능하다.

COUNT 함수는 숫자가 입력된 셀의 개수를 구해준다. 금액이 입력된 셀의 개수를 구하여 거래 건수를 알고 싶을 때 사용할 수 있다.

'자동 합계'의 오른쪽에 있는 작은 ▼단추를 클릭하면, 표에서 소개한 것처럼 합계 이외에 자주 사용하는 함수가 몇 가지 더 표시된다. 여

SUM 함수 입력

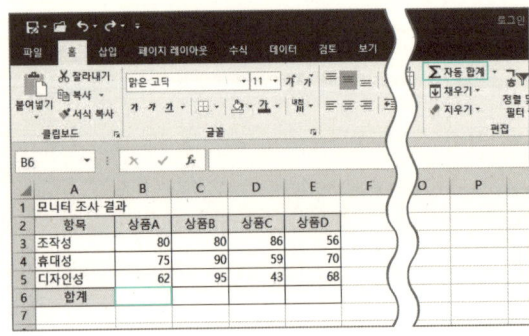

합계를 구하고자 하는 셀을 선택하고 '홈' 탭의 '자동 합계'를 클릭.

⬇

SUM 함수의 식이 입력되어 합계 범위가 점멸한다. 이 범위는 드래그하여 수정도 가능. 여기서는 B3 셀에서부터 B5 셀까지의 숫자가 합계 대상이 된다.

⬇

Enter 키를 누르면 ① '=SUM(B3:B5)'라는 함수식이 입력되어 ② 셀에는 합계가 표시된다.

연속되지 않고 떨어져 있는 셀을 합계할 경우는 선택한 셀이 점멸하는 동안에 Ctrl 키를 누른 상태로 원하는 셀을 하나하나 클릭 또는 드래그한다. 여기서는 셀 B3와 B5 셀의 합계를 구하고 있다.

'자동 합계' 단추에서 다른 함수도 입력할 수 있다

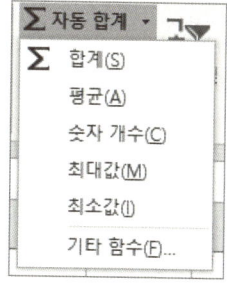

'자동 합계' 단추 오른쪽에 있는 작은 목록 단추를 클릭하면 '평균'이나 '숫자 개수' 등 다른 계산방법도 선택할 수 있다. 각 메뉴를 클릭하면 해당되는 함수 입력이 가능해진다.

메뉴	함수명	내용
합계	SUM	합계를 구한다
평균	AVERAGE	숫자 셀의 평균값을 구한다
숫자 개수	COUNT	숫자 셀의 개수를 구한다
최댓값	MAX	최댓값을 구한다
최솟값	MIN	최솟값을 구한다

기서 '숫자 개수'를 클릭하면 COUNT 함수식이 입력되어 셀에 '=COUNT(○○)'라 표시된다.

○○ 부분이 대상이 되는 셀 범위이며 지정 방법은 SUM과 동일하다. 평균값을 구하는 AVERAGE나 최댓값, 최솟값을 구하는 MAX와 MIN 함수도 같은 방법으로 지정하면 된다.

중급편이 어려워? 조건에 맞는 데이터 합계는 'SUMIF' 함수로

옆 페이지 그림을 보면 표의 네 번째 열에 금액이 입력되어 있다. 이 중에서 오사카점의 금액만 뽑아 자동으로 합계하는 방법을 생각해보자. '합계'는 당연히 SUM 함수로 구하면 된다.

하지만 단지 드래그하여 선택한 셀을 합계하는 것이 아니므로 이 경우에는 SUM 함수를 사용할 수 없다. 대신 사용하는 것이 SUMIF 함수이다. 여기서는 중급 수준이라 할 수 있는 SUMIF 함수와 COUNTIF 함수를 배워보겠다.

이 두 함수의 이름에는 공통점이 있는데 무엇일까? 맞다. 두 함수 모두 뒤에 'IF'가 들어 있다. **IF는 '만약 ○○이라면'같이 조건을 나타내는 말**이다. 즉 **합계를 구하는 SUM 함수와, 숫자 셀의 개수를 구하는 COUNT 함수에서 '조건'이 추가된 기능을 수행**하는 함수인 셈이다.

이 그림에서의 조건은 '매장'이 '오사카'인 곳으로 지정되어 있다. 그러니까 '매장' 열에서 '오사카'라고 입력된 셀을 찾아내서 같은 행에 있는 '금액' 열의 숫자를 모두 더하라는 뜻이다. SUMIF 함수는 이런 복잡한 일련의 작업을 자동으로 처리한다.

SUMIF 함수에서는 '범위' '검색 조건' '합계 범위' 등 3개의 인수를 지정한다. '범위'에는 조건을 찾고자 하는 셀 범위를, '검색 조건'에는 조건의 내용을 각각 지정한다.

여기서는 '매장'이 '오사카'라는 조건이므로, '범위'에는 매장이 입력된 B3에서 B12 셀까지를 지정하고 '검색 조건'에는 '오사카'라고 입력한다. 세 번째 인수인 '합계 범위'는 합계를 구하고자 하는 숫자가 입력

오사카점의 금액 합계만을 구하려면?

	A	B	C	D	E	F	G	H	I
1	매출 일람표								
2	날짜	매장	판매수량	금액					
3	11월2일	오사카		32,000					
4	11월3일	오사카		12,800					
5	11월4일	고베	5	10,200		합계 90,800			
6	11월5일	오사카	1	46,000					
7	11월6일	고베	14	15,300					

매출 일람표에서 '매장'이 '오사카'인 데이터만 뽑아내서 '금액'을 모두 더하고 싶을 때는 SUMIF 함수를 사용하자.

SUMIF 함수의 구조

	A	B	C	D	E	F	G	H	I
1	매출 일람표								
2	날짜	매장	판매수량	금액					
3	11월2일	오사카	4	32,000					
4	11월3일	오사카	4	12,800					
5	11월4일	고베	5	10,200					
6	11월5일	오사카	15	46,000					
7	11월6일	고베	14	15,300					
8	11월7일	교토	11	23,000					
9	11월8일	고베	15	12,900					
10	11월9일	교토	8	16,300					
11	11월10일	고베	9	15,000					
12	11월11일	교토	11	25,600		= SMUIF(B3:B12 ,"오사카", D3:D12)			
13									
14	오사카점의 매출금액 합계			90,800		범위	검색 조건	합계 범위	

SUMIF 함수에서는 '검색 조건'에 조건을 입력하고 '범위'에는 그 조건을 찾는 열을, 그리고 '합계 범위'에는 합계하고자 하는 데이터가 입력된 열을 각각 지정한다.

된 셀 범위를 말한다.

여기서는 '금액' 열의 D3에서부터 D12를 지정하고 있다.

지금까지의 내용을 충분히 이해했다는 가정 아래, 중요한 포인트를 하나 더 알려주겠다. 이 페이지 그림을 보고 뭔가 떠오르는가? 그렇다, A2에서 D12까지의 셀 범위에 입력된 매출 일람표는 데이터베이스 형식의 표라는 사실이다.

SUMIF 함수와 COUNTIF 함수를 사용할 수 있는 경우는 첫 행에 항목명이 입력되고 한 행에 한 건의 데이터가 등록된 '데이터베이스'의 표뿐이다. 이 점을 잊어서는 안 된다.

그럼, 실제로 SUMIF 함수를 입력해보자.

함수를 입력하고 싶은 셀을 선택하고 'fx' 단추를 눌러 SUMIF 함수를 불러내는 것까지는 모든 함수에서 공통이므로 130쪽의 순서를 따르면 된다.

그리고 SUMIF 함수의 '함수 인수' 대화상자가 열리면 옆 페이지 그림처럼 인수를 설정한다.

SUMIF 함수에서는 인수를 세 가지 지정한다. 맨 처음 인수인 '범위(Range)'는 조건이 입력된 일련의 셀 범위를 지정한다. 여기서는 '매장'이 '오사카'라는 조건이므로 매장이 입력된 B3에서 B12까지의 셀 범위를 지정한다.

두 번째 인수인 '검색 조건(Criteria)'에는 조건의 내용을 지정하는데 여기서는 '오사카'라고 직접 입력한다. 그다음 인수 난을 클릭하면, '오사카'의 앞뒤에 자동으로 큰따옴표(" ")가 추가된다. 이는 SUMIF 함수의 '검색 조건' 인수가 문자 데이터임을 의미한다. 함수에서 문자 데이터는 무조건 큰따옴표로 묶어야 하는 규칙이 있기 때문이다. '함수 인수' 대화상자를 사용해 입력하면 엑셀은 이처럼 필요한 기호 등을 자동으로 생성해준다.

마지막으로 '합계 범위(Sum_range)'의 인수 항목에는 합계를 구하고

SUMIF 함수를 입력한다

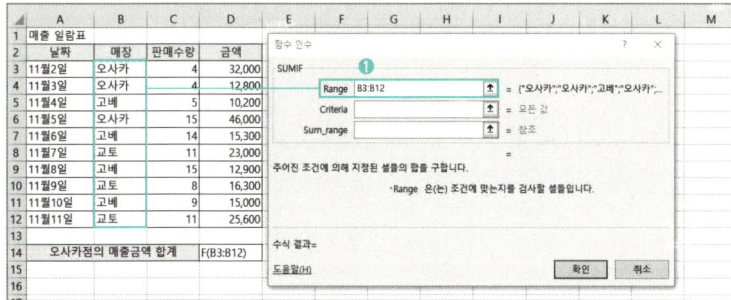

130쪽의 순서대로 SUMIF 함수의 '함수 인수' 대화상자가 열리면 ① '범위(Range)' 난을 클릭하여 '매장' 의 셀 범위를 지정한다.

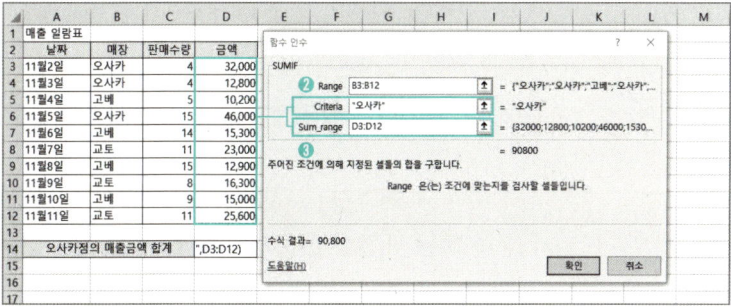

② '검색 조건(Criteria)' 난을 클릭하여, '오사카'라고 입력. ③ '합계 범위(Sum_range)' 난을 클릭하여 '금 액'의 셀 범위를 지정. 그러고 나서 '확인'을 클릭하면 SUMIF 함수식이 입력된다.

자 하는 숫자가 입력된 셀 범위를 지정한다. 여기서는 금액이 입력된 D3에서 D12까지의 셀 범위를 지정한다.

이렇게 '함수 인수'의 모든 항목의 입력을 마치고 '확인' 단추를 눌러 대화상자를 닫으면, SUMIF의 함수식이 완성되어 해당 셀에는 함수의 결과가 137쪽과 같이 표시된다.

이번에는 데이터베이스 표에서 전화로 주문한 데이터 건수를 구해

COUNTIF 함수를 통해 '전화'로 주문한 건수를 알아본다

	A	B	C	D	E	F	G	H	I
1	주문일람표								
2	주문일	상품명	주문방법	금액					
3	4월4일	허브	전화	1,500					
4	4월5일	채소	Web	2,700					
5	4월8일	관엽식물	전화	24,000					
6	4월10일	관엽식물	매장	32,000					
7	4월20일	관엽식물	매장	16,000					
8	4월21일	채소	전화	4,000					
9	5월1일	채소	매장	10,500					
10									
11		전화로 주문한 건수		3		건수 : 3			
12									
13									
14			= COUNTIF (C3:C9 , "전화")						
15				범위 검색 조건					
16									

COUNTIF 함수는 조건을 만족시키는 셀의 개수를 세어 '건수'를 구한다. '검색 조건'에 조건을 입력하고 '범위'에는 조건을 찾고자 하는 열의 범위를 지정한다. '주문 방법'이 '전화'인 셀은 3개이므로 '3'이라 표시되었다.

보자. '주문 방법이 전화'라는 조건을 만족시키는 셀의 개수를 알려면 COUNTIF 함수를 사용한다.

COUNTIF 함수로 지정하는 2개의 인수는 SUMIF 함수와 동일하다. 맨 처음 인수인 '범위'에는 조건을 검색하는 셀을 지정하고 '검색 조건'에는 조건의 내용을 지정한다.

위 예에서는, C3부터 C9 셀에 입력된 '주문 방법' 난에 '전화'라 입력된 셀을 찾아 그 개수를 나타내고 있다. 화면의 표를 보면 C3, C5, C8의 3개 셀이 해당하므로 값은 '3', 즉 전화로 주문한 건수는 세 건이 된다.

드디어 상급편! 'VLOOKUP' 함수로 자동참조 구조를 이해한다

전표나 매출 기록 등을 만들 때 상품일람표를 보면서 상품명과 단가를 일일이 입력했던 경험은 없는가. 마이가 말했듯이 수작업으로는 시간도 오래 걸리고 잘못 입력하는 경우도 생긴다.

그러므로 이제는 **상품코드만 입력하면 상품명이나 단가 등을 원하는 전표에 자동으로 가져오는 구조를** 만들어보겠다. 그것을 구현해주는 것이 바로 VLOOKUP 함수이다.

VLOOKUP 함수로 상품코드에서 상품명을 가져온다

	A	B	C	D	E	F	G
1							
2				청구서			
3							
4		아래와 같이 청구합니다.					
5							
6		상품코드	상품명	단가	수량	금액	
7		W02	땅끝마을의천연수	110	12	1,320	
8							
9							
10					세후금액	1,320	
11					소비세	105	
12					세전금액	1,425	

= VLOOKUP(B7 , $B$16:$D$21 , 2 , 0)
　　　　　　검색값　　범위　　열 번호　검색 방법

	A	B	C	D	E	F	G
14		상품일람표					
15		①상품코드	②상품명	③단가			
16		W01	알프스투명광채수	120			
17		W02	땅끝마을의천연수	110			
18		T01	마파람차	150			
19		T02	잠부름홍차	140			
20		S01	코라콜라	130			
21		S02	윙크탄산수	130			

VLOOKUP 함수는 '검색값'으로 지정한 코드번호를 '범위'로 지정한 표에서 검색하여, 발견되는 것이 있으면 동일한 행의 '열 번호'로 지정해놓은 열의 데이터를 반환해준다. 이때 '검색 방법' 인수를 '0'으로 지정하면 완전하게 일치하는 코드번호만을 찾는다.

여기의 예에서는, C7 셀에 VLOOKUP 함수를 입력함으로써 'W02'라는 상품코드에 해당하는 상품명을 자동으로 끌어오도록 했다. 이곳의 함수식을 보면서, 우선 VLOOKUP 함수에서 쓰이는 4개의 인수를 이해해보자.

맨 처음 인수인 **'검색값'**에는 검색에 사용할 코드번호가 입력된 셀 (여기서는 B7)을 지정한다. 그리고 **'범위'**를 지정하는 인수는 상품일람표 등, 가져오고자 하는 상품 정보를 정리해놓고 관리하는 별도의 표의 셀 범위를 지정한다.

그런데 VLOOKUP 함수는 입력한 후에 아래의 셀로 수식을 복사하는 경우가 많기 때문에, 복사되는 셀로 상품일람표의 범위가 덩달아 이동하지 않도록 해야 한다. 다시 말해 절대참조로 해야 한다는 뜻이다.

'B16:D21'이라는 셀 범위를 절대참조로 만들기 위해 '$B$16:$D$21'로 변경하면 함수식을 아래로 복사하더라도 셀이 밀리지 않고 항상 같은 표의 범위에서만 검색하게 된다. 또 검색에 사용하는 코드번호는 표의 첫 번째 열에 입력하는 것이 규칙으로 정해져 있다.

다음으로 '열 번호' 인수에는 가져오고자 하는 정보가 입력되는 열의 번호를 지정한다. '상품명'은 왼쪽에서 셀 때 두 번째 열이므로 '2'라고 지정해야 하며, 만약 이것을 '3'으로 지정하면 '단가' 열의 내용을 가져오게 된다.

마지막으로 **'검색 방법'**은, 완전 일치된 정보와 비슷하게 일치된 정보 중 하나를 지정하는 인수이다. 완전 일치된 코드번호만을 검색하려면 **'0'**을 입력한다. 상품번호 등의 코드는 한 글자라도 다르면 전

인형뽑기 머신처럼 수직, 수평으로 이동하며 정보를 검색

14	상품일람표		
15	상품코드	상품명	단가
16	W01	알프스투명광채수	120
17	W02	땅끝마을의천연수	110
18	T01	마파람차	150
19	T02	잠부름홍차	140
20	S01	코라콜라	130
21	S02	윙크탄산수	130
22	첫 번째 열	두 번째 열	세 번째 열
23			

'W02' 열의 다음 열 (두 번째 열)을 찾을 것!

'땅끝마을의천연수'이다!

VLOOKUP 함수에서는 '범위'로 지정한 표의 열에서 우선 코드번호를 위에서 아래로 순서에 따라 찾기 시작한다. 그리고 발견이 되면 즉시 오른쪽으로 이동하여 '열 번호'로 지정한 열의 데이터를 셀로 가져온다.

혀 다른 상품을 가리킬 수도 있기 때문에 대부분 '완전 일치'의 검색 방법으로 찾게 마련이다. 참고로 비슷하게 일치하는 검색 방법으로 찾으려면 '1'을 입력하거나 값을 아예 생략한다.

VLOOKUP 함수는 상품일람표에서 정보를 찾을 때 위 그림처럼 우선 수직(세로)으로, 다음에는 수평(가로)으로 움직여 검색한다. 교코가 말한 인형뽑기 머신 같지 않은가?

가장 먼저 상품코드 'W02'를 '상품일람표'의 왼쪽 열에서 검색한다. 위에서부터 순서대로 검색해 'W02'가 발견된 두 번째 행에서 이번에는 오른쪽으로 이동한다. 그리고 상품코드 'W02'와 같은 행의 두 번째 열에 있는 셀 값인 '땅끝마을의천연수'를 VLOOKUP 함수의 반환값으로 가져와서 셀에 표시한다. 실제로 VLOOKUP 함수를 입력하는 순서는 다음 페이지를 참고하기 바란다.

VLOOKUP 함수를 입력한다

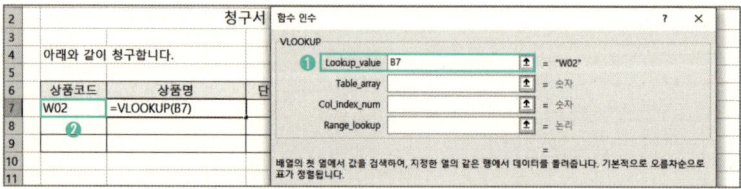

C7 셀을 클릭하여 130쪽의 순서대로 VLOOKUP 함수의 '함수 인수' 대화상자를 열고 ① '검색값(Lookup_value)' 난을 클릭한 다음 ② 상품코드가 입력된 B7 셀을 선택한다.

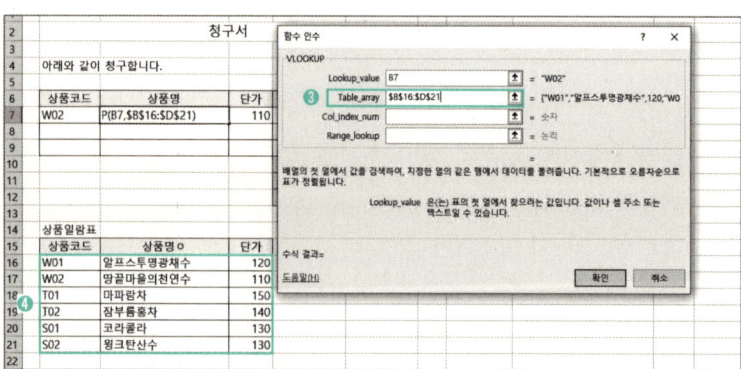

③ '범위(Table_array)' 난을 클릭한 다음, ④ 상품일람표로 가서 필요한 범위를 드래그하여 선택하고, 이어 F4 키를 한 번 눌러 절대참조로 설정한다. 셀 주소에는 '$B$16:$D$21'처럼 4개의 '$' 기호가 생성된다.

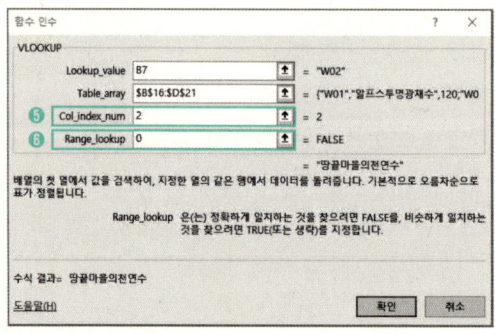

⑤ 상품명을 찾아 가져와야 하므로 '열 번호(Col_index_num)' 난에 '2'를 입력하고, ⑥ 완전 일치하는 상품코드만 검색해야 하므로 '검색 방법(Range_lookup)' 난에는 '0'을 입력한 다음 '확인'을 클릭하면 VLOOKUP의 함수식 입력이 완성된다.

검색 방법이 '0' 이외인 경우는?

'검색 방법'으로 '0' 이외의 숫자를 지정하면 완전히 일치하는 데이터뿐 아니라 검색 범위를 좀 더 확장하여 '근삿값 데이터'를 찾을 수 있다. 만화 부분에서는 내용이 간략화되어 있으므로 여기서 좀 더 살펴보겠다.

'근삿값 데이터'를 찾는 검색 방법은 상품코드가 숫자이며 100번 대는 '물', 200번 대는 '차'와 같은 식으로 분류되어 있을 경우에나 사용 가능하다. 이 경우 '검색 방법'을 '1' 또는 '0'이 아닌 다른 숫자로 하면 그 상품이 속하는 분류를 구할 수 있다. 아래 그림에서 C3 셀에 입력한 VLOOKUP 함수가 그런 예이다.

'검색 방법'을 '1'로 하면 상품코드로부터 상품 분류를 구할 수 있다

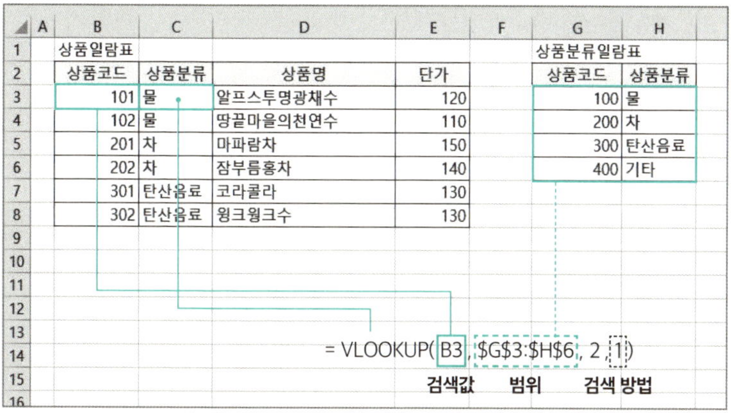

	A	B	C	D	E	F	G	H
1		상품일람표					상품분류일람표	
2		상품코드	상품분류	상품명	단가		상품코드	상품분류
3		101	물	알프스투명광채수	120		100	물
4		102	물	땅끝마을의천연수	110		200	차
5		201	차	마파람차	150		300	탄산음료
6		202	차	잠부름홍차	140		400	기타
7		301	탄산음료	코라콜라	130			
8		302	탄산음료	윙크윙크수	130			

= VLOOKUP(B3, $G$3:$H$6, 2, 1)
　　　　　　검색값　범위　　검색 방법

위 VLOOKUP 함수식에서는 B3 셀의 '검색값'을 G3→G4→G5…같은 식으로 위에서부터 순서대로 대조해보다가 자신보다도 큰 숫자가 나타나면 바로 앞의 셀로 되돌아가 그 행의 데이터를 검색 대상으로 삼는다. 상품코드 '101'은 G4 셀의 '200'보다는 작으므로 바로 앞의 셀인 G3 셀, 즉 '100'으로 되돌아가 두 번째에 있는 열인 '물'을 상품 분류로 가져온다.

'검색 방법'으로 '0'이 아닌 숫자를 지정하거나 생략하면, VLOOKUP 함수는 '검색값'으로 지정한 코드번호가 '범위' 내의 코드번호와 비교하여 큰지 작은지를 조사한다. 그리하여 B3 셀의 '검색값'이 '100 이상 200 미만'이면 세 번째 행이, '200 이상 300 미만'이면 네 번째 행이 각각 선택되어 '열 번호'로 지정한 열의 데이터가 함수의 반환값으로 표시된다.

이 예에서 B3 셀은 '101'이라는 상품코드가 입력되어 있다. 이 수치는 '100 이상 200 미만'에 해당하므로 G3:H3의 행이 검색 대상으로 채택된다. 나아가 '열 번호'에는 '2'가 지정되어 있으므로 두 번째 열인 H3 셀의 값이 표시된다.

그 결과 C3 셀에는 H3 셀의 '물'이 표시되는 것이다. 참고로, 이와 같은 '근삿값 데이터'를 찾는 사용법은 사용빈도가 매우 낮으므로 참고 수준 정도로만 이해해도 상관없다.

복습하기

① 함수는 업무 효율을 높이기 위해 꼭 필요한 기능. 쉽게 익힐 수 있는 것부터 차근차근 배워가며 업무에 활용하자.
② SUM, COUNT, SUMIF, COUNTIF, VLOOKUP의 다섯 가지 함수는 업무에서 활용 범위가 매우 넓으므로 우선적으로 마스터하자.

4

피벗 테이블로 수식이나 함수를 쓰지 않고 간단 분석!

▲ 오른쪽에서 왼쪽으로 읽어주세요.

마이의 엑셀 이야기

챠라라라~♪

♪ 인생과 인생이 교차하는 바로 그곳에서 새로운 드라마가 펼쳐지듯이~

휘잉 휘잉 캐시   휘잉 휘잉
슈웅   슈웅

파앙

⁉

보이나요, 신의 조화 '피벗 테이블!'

한 방에 끝내주는 크로스 집계.

셀이 교차하는 바로 그곳도

우우우...

난데없이 뭐죠⁉

따라라라랑

새로운 인연의 시작점!

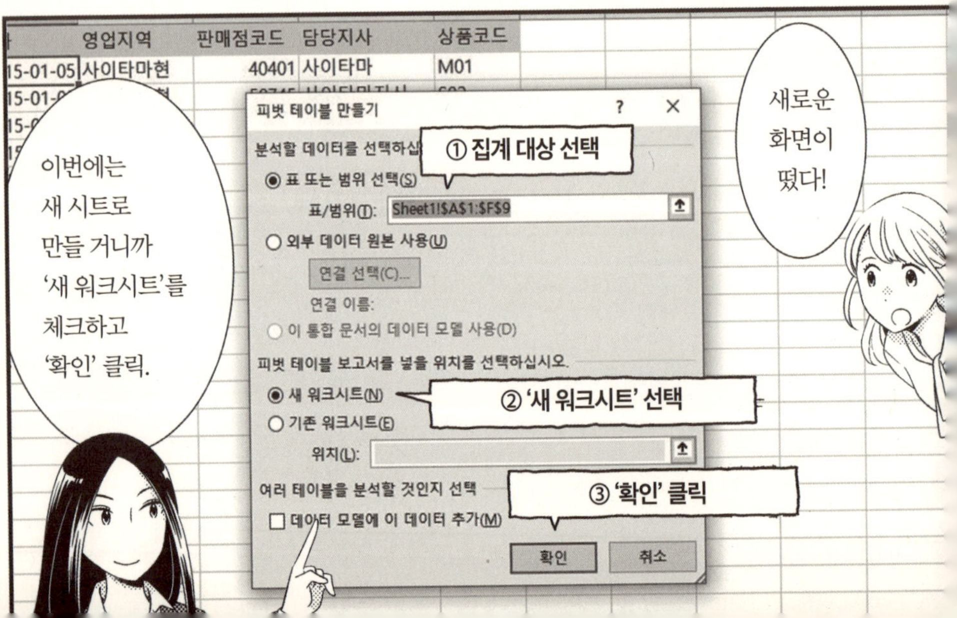

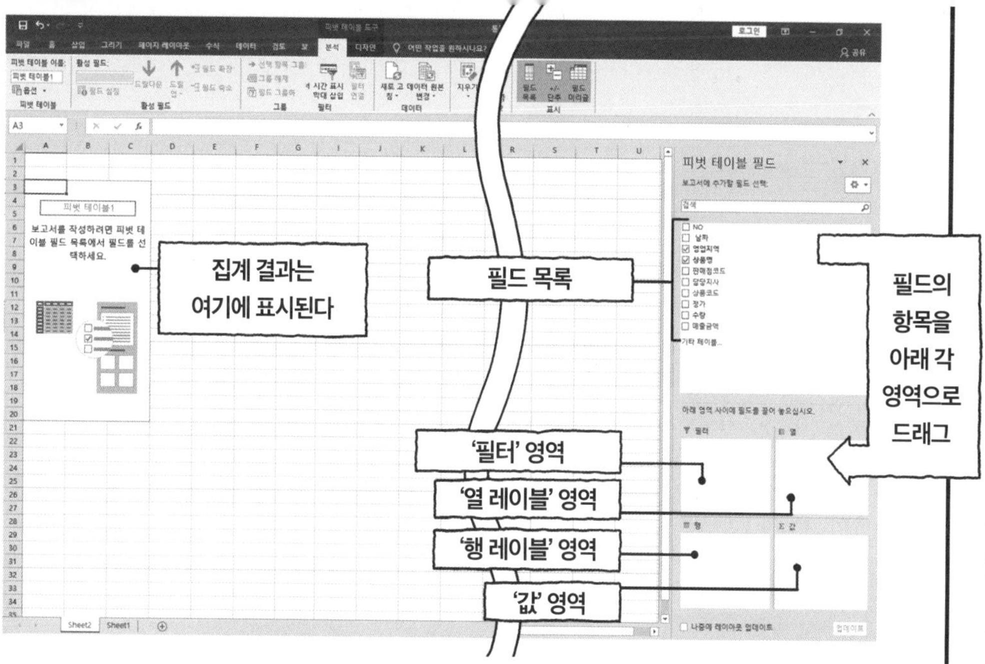

집계 결과는 여기에 표시된다

필드 목록

필드의 항목을 아래 각 영역으로 드래그

'필터' 영역

'열 레이블' 영역

'행 레이블' 영역

'값' 영역

이것이 피벗 테이블의 구성요소야.

뭔가 여러 가지가 나타나 버렸네요.

우선은 각 영업 지역에 대해서

상품명별 금액으로 크로스집계를 해보자고.

필터
열 레이블
행 레이블
값

이것을 바탕으로 작성해 나간다, 바로 그런 거군요.

불끈

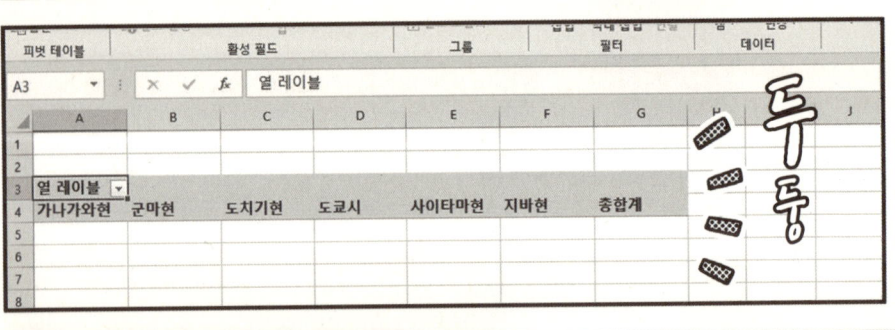

CHECK POINT

데이터 집계의
끝판왕! 피벗 테이블

피벗 테이블은 수식이 필요 없는 보고서 작성 도구

'상품별로 금액을 집계하여 보고서를 만들고 싶다.'

'각각의 상품이 어느 지역에서 잘 팔리는지 비교 검토하고 싶다.'

마이는 이런 편리한 기능이 엑셀에 있지 않을까 생각하게 되는데, 그것이 바로 피벗 테이블이다. 즉 매출일람표 등을 바탕으로 보고서 형식의 집계표를 만드는 기능이다. 주요한 특징은 우선 수식이나 함수를 일절 사용하지 않고 합계나 평균을 구할 수 있는 표를 만든다는 데 있다. 그리고 **맨 첫 행에 항목명이 입력된 데이터베이스 형식의 표가 만들어져 있으면, 그 표를 바탕으로 드래그나 클릭의 반복만으로도 간단히 원하는 보고서를 완성할** 수 있다. 별다른 시간과 수고를 들이지 않고도 요약된 상태로 원하는 데이터를 비교 분석할 수 있으니 업무에

표의 열을 선택하기만 해도 보고서를 자동 작성

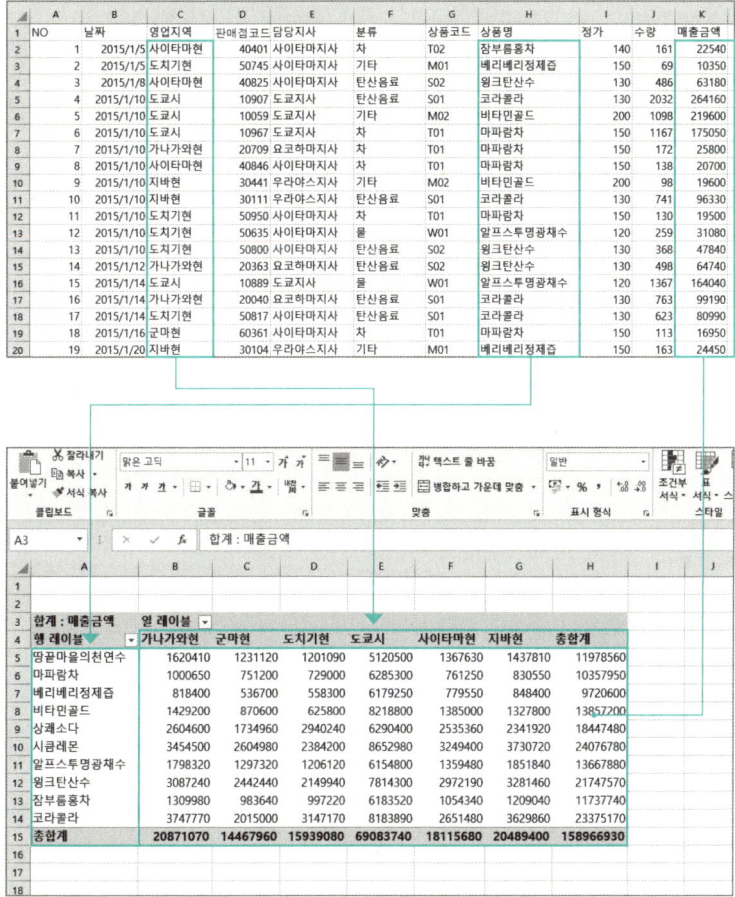

피벗 테이블은 데이터베이스 형식으로 입력된 표를 바탕으로 보고서 형식의 집계표를 자동으로 작성하는 기능. 어느 부분에 표의 어떤 열을 배치할지 지정하기만 해도 일목요연하게 정리된 보고서가 만들어진다.

행 레이블, 열 레이블, 값의 세 가지 영역으로 지정

합계 : 매출금액	열 레이블						
행 레이블	가나가와현	군마현	도치기현	도쿄시	사이타마현	지바현	총합계
땅끝마을의천연수	1620410	1231120	1201090	5120500	1367630	1437810	11978560
마파람차	1000650	751200	729000	6285300	761250	830550	10357950
베리베리정제즙	818400	536700	558300	6179250	779550	848400	9720600
비타민골드	1429200	870600	625800	8218800	1385000	1327800	13857200
상쾌소다	2604600	1734960	2940240	6290400	2535360	2341920	18447480
시클레몬	3454500	2604980	2384200	8652980	3249400	3730720	24076780
알프스투명광채수	1798320	1297320	1206120	6154800	1359480	1851840	13667880
윙크탄산수	3087240	2442440	2149940	7814300	2972190	3281460	21747570
잠부름홍차	1309980	983640	997220	6183520	1054340	1209040	11737740
코라콜라	3747770	2015900	3147170	8183890	2651480	3629860	23375170
총합계	20871070	14467960	15939080	69083740	18115680	20489400	158966930

피벗 테이블에는 '행 레이블' '열 레이블' '값'의 세 가지 영역이 있다. 각각 표시하는 내용을 원래 표에서 선택한다.

얼마나 도움이 되겠는가.

피벗 테이블에서는 **데이터베이스 표에서 열을 선택해 가로 방향이나 세로 방향의 항목명으로 배치**한다. 예를 들어 '상품명'을 세로 방향의 항목명으로, '영업지역'을 가로 방향의 항목명으로 배치하면 상품과 영업지역만으로 범위를 좁혀 매출금액이 집계된 보고서를 새로 만들 수 있다.

피벗 테이블은 '행 레이블' '열 레이블' '값'의 세 가지 영역으로 구성된다. **'행 레이블'이란 세로 방향의 항목명**으로, 위 그림에서는 '상품명'으로 구성되어 있다. **'열 레이블'은 가로 방향의 항목명**으로 '영업지역'으로 이루어져 있다.

'값'은 집계 결과가 표시되는 영역이다. 여기에 '매출금액'의 열을 선택하면, '상품명'과 '영업지역'으로 범위를 좁혀놓은 상태에서의 합계가 표시된다.

참고로 앞에서 이미 보았듯이 항목명은 가로(열 방향)와 세로(행 방향) 중 어느 한쪽만 선택하여 작성할 수 있는데, 피벗 테이블 역시 행 레이블과 열 레이블 중 어느 한쪽만 선택해도 상관없다. 쿄코의 설명처럼 어느 한쪽 방향으로만 항목명이 있는 집계표를 **'단순집계표'**, 행 레이블과 열 레이블의 가로세로 양쪽 방향으로 모두 항목명이 있는 표를 **'크로스집계표'**라고 한다.

우선 피벗 테이블을 만들어본다

이제 피벗 테이블을 만들어보자. 먼저 집계하고자 하는 데이터가 입력된 표가 필요한데 그것을 원본 데이터라고 부른다. 참고로 원본 데이터의 열을 피벗 테이블에서는 '필드'라고 한다.

원본 데이터 표 안에서 임의의 셀을 하나 클릭하여 '삽입' 탭의 '피벗 테이블'을 선택하면, '피벗 테이블 만들기' 대화상자가 열린다. 여기서는 두 가지 설정을 확인한다. 우선 '표/범위'에는 원본 데이터 표의 셀 범위가 자동으로 입력되어 나타난다. 표가 올바르게 만들어져 있다면, 이 범위에는 표의 항목명과 데이터 부분이 과부족 없이 딱 맞게 지정되어 표시된다.

다음으로 '피벗 테이블 보고서를 넣을 위치 선택' 난에는 **'새 워크시트'**가 이미 선택되어 있다. 피벗 테이블은 새로운 시트에 작성하는 것

우선 피벗 테이블의 토대 만들기

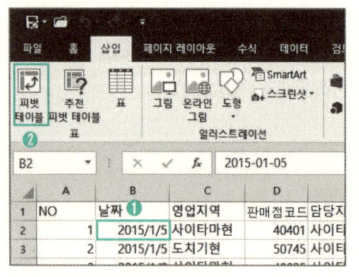

① 표 안의 임의의 셀을 선택한 다음 ② '삽입' 탭의 '피벗 테이블' 클릭

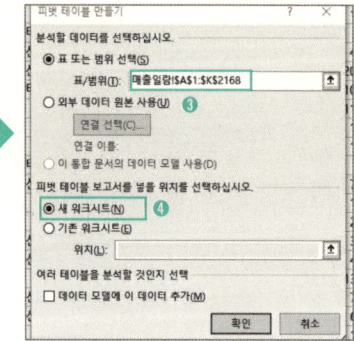

'피벗 테이블 만들기' 대화상자가 열린다. ③ '표/범위'에 표의 전체 데이터 범위가 자동으로 설정되고 ④ 보고서를 넣을 위치에는 '새 워크시트'가 선택돼 있는 것을 확인한 다음 '확인'을 클릭한다.

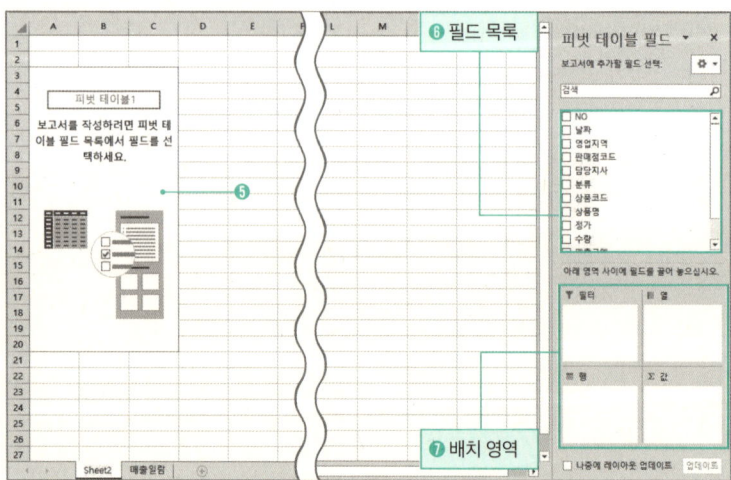

새 시트(여기서는 Sheet2)가 추가되었다. ⑤ 왼쪽 영역이 피벗 테이블이 작성되는 부분이다. 오른쪽의 '피벗 테이블 필드' 창에는 ⑥ '필드 목록'과 ⑦ '배치 영역'이 표시된다.

이 편리하므로 굳이 변경할 필요는 없다. 이렇게 두 가지를 확인한 상태에서 그대로 '확인'을 클릭하면 피벗 테이블이 작성될 새로운 시트가 나타난다.

그 시트의 좌측 부분에 피벗 테이블이 표시되는데 아직 보고서를 만들기 전이므로, 여기에는 아무것도 없는 상태일 것이다. 그리고 화면 우측에는 피벗 테이블 필드 창이 표시된다.

이 피벗 테이블 필드 창의 윗부분은 '필드 목록'으로 보고서에 추가할 필드를 선택할 수 있는 영역이다. 'NO' '날짜' '영업지역' 등의 명칭이 나열되어 있다. 이들은 원본 데이터 표의 첫 번째 행에 입력되어 있던 열 항목명들이다. 앞에서 언급했듯이 이러한 열 항목명을 피벗 테이블에서는 '필드명'이라고 부른다.

'피벗 테이블 필드' 창의 아랫부분을 **'배치 영역'**이라 하며, '필터' '열' '행' '값' 등 4개의 사각형 상자가 자리 잡고 있다. '행'은 '행 레이블', '열'은 '열 레이블'이다. 그렇다, 이 부분이 바로 피벗 테이블을 구성하는 영역에 해당한다.

이제 157쪽에서 소개한 피벗 테이블을 만들어보자. 마이가 했던 대로 **조작은 필드 목록에 나열된 필드명을 배치 영역의 사각형 상자 안으로 드래그하여 가져다 놓기**만 하면 된다.

제일 먼저 '행 레이블'에 '상품명'의 항목명 행을 만들어본다. 다음 페이지 그림처럼 필드 목록의 '상품명' 필드를 클릭하여 배치 영역의 '행'이라 적힌 사각형 안으로 드래그한다. 마우스 단추에서 손가락을 뗌과 동시에, 상품명의 항목이 A열에 전부 표시된다.

'상품명'과 '매출금액'을 배치한다

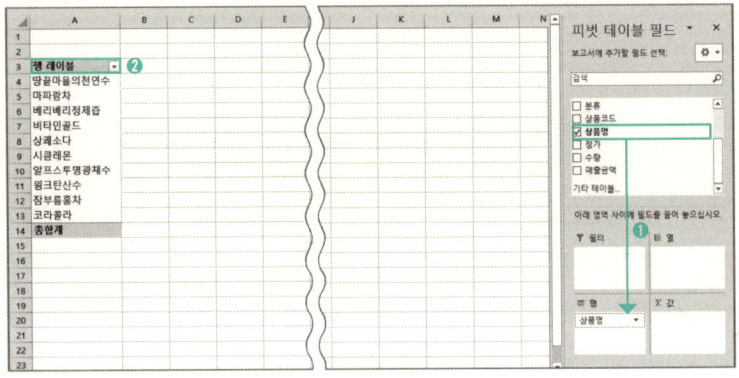

필드 목록에서 ① '상품명'을 '행' 배치 영역으로 드래그하면 ② 행 레이블에 상품명이 전부 표시된다.

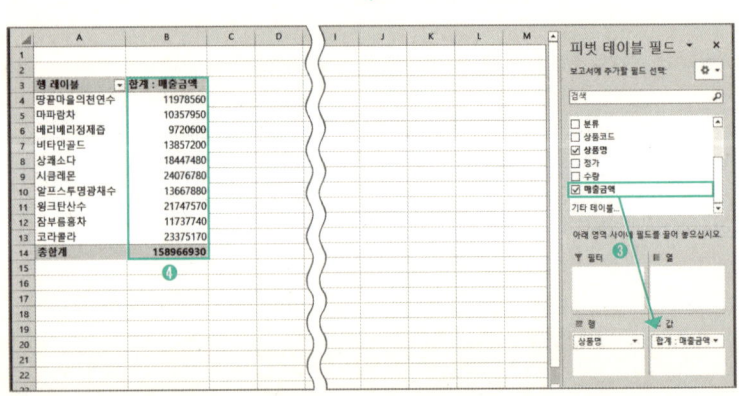

다음으로 ③ '매출금액'을 '값' 배치 영역으로 드래그하면 ④ 매출금액의 합계가 상품명별로 집계된다.

다음으로 필드 목록의 '매출금액' 필드를 똑같은 방법으로 배치 영역의 '값' 영역에 드래그하여 가져다 놓으면 각 상품의 매출금액 합계가 B열에 표시된다. 어떤가, 눈 깜짝할 사이에 집계가 이루어지지 않는가? 상품별로 금액의 합계만 뽑아내는 단순집계표 형식의 보고서라면

'영업지역'을 배치하면 크로스집계표로 바뀐다

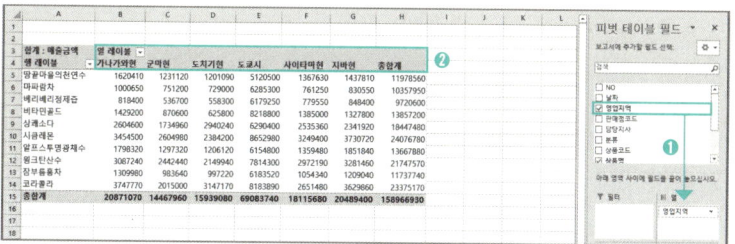

① '영업지역'을 '열' 배치 영역으로 드래그하면 ② 열 레이블에 영업지역이 표시되어 표는 그 순간에 크로스집계표로 바뀐다.

숫자에 쉼표를 넣어 천 단위 표시로 바꾼다

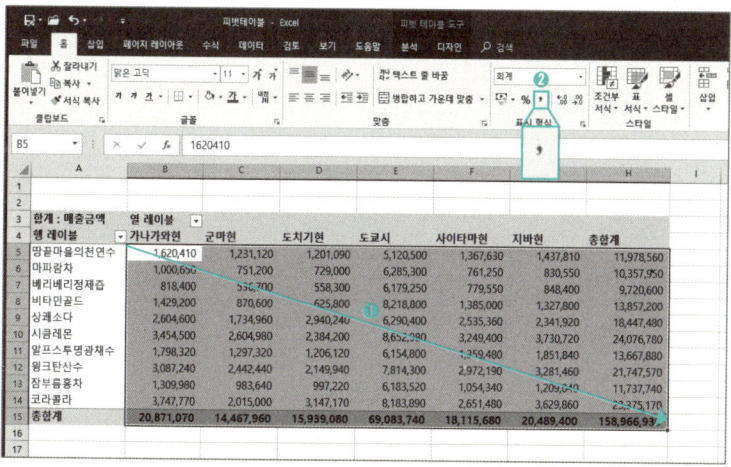

집계 결과의 숫자에 천 단위로 쉼표를 넣어 보기 쉽게 하려면 숫자로 집계된 부분 전체를 드래그하여 선택한 다음, '홈' 탭의 '표시 형식' 그룹에서 '쉼표 스타일'을 클릭한다.

이것으로 완성이다. 매우 빠르고 간단하다는 것을 알 수 있다.

157쪽과 같은 크로스집계표로 작성하려면 열 레이블도 추가하면 된다. 이제 다시 한 번 필드 목록의 '영업지역'을 '열'의 배치 영역으로 드래그하면 된다.

　이것으로 피벗 테이블에 '영업지역'의 항목명이 추가되어 크로스집계표가 완성되었다.

　무심코 잘못된 필드를 드래그했다면 사각형 안에 추가된 필드명을 드래그해 사각형 밖으로 끌어내 버려 삭제할 수 있다.

　이밖에도 일반적인 표와 마찬가지로 '홈' 탭의 '쉼표 스타일' 단추를 사용하여 집계 결과의 숫자에 천 단위마다 쉼표를 넣음으로써 보기 쉽게 표시할 수 있다.

제목은 드래그로 정렬이 가능

　열 레이블인 '영업지역'을 보면 '가나가와현'을 선두로 그 밖의 시도현이 뒤를 따르고 있다. 이는 **문자 필드를 피벗 테이블에 배치하면 문자코드 순서**(여기서는 가나다순)**로 항목이 정렬**되기 때문이다.

　하지만 항목은 주목하고 싶은 데이터부터 표시되도록 해야 할 때가 많다. 그러므로 **행 레이블이나 열 레이블의 항목명은 나중에 드래그를 통해 원하는 대로 정렬할 수 있다면 편리**하다. 옆 페이지 그림에서는 영업지역의 맨 앞 열에 '도쿄시'가 자리 잡도록 이동하는 조작을 했다. 이와 같은 조작을 통해 영업지역의 순서를 자유자재로 변동시킬 수 있다.

피벗 테이블에서 집계할 내용의 범위를 좁힌다

피벗 테이블을 만들면 기초가 되었던 원본 데이터 표의 모든 매출 데이터가 자동으로 집계된다. **특정 지사나 상품 분류의 매출 데이터만 뽑아서 집계하여 보고서를 작성하고 싶은 경우에는, 피벗 테이블의 전용 필터 기능을 사용하면 된다.** 여기서는 '담당지사'가 '도쿄지역'인 경우의 매출 데이터만 대상으로 삼아 피벗 테이블의 표시 범위를 좁혀보겠다(다음 페이지).

우선 피벗 테이블에서는 어떤 방법으로 필터를 사용하는지 알아본다. '피벗 테이블 필드' 창의 '배치 영역'을 보면 '필터'라는 사각형 상자가 있다. 필드 목록에서 필터를 사용하고자 하는 '담당지사' 필드의 이

열 레이블의 '도쿄시'를 맨 앞으로 이동시킨다

합계 : 매출금액	열 레이블					
행 레이블	가나가와현	군마현	도치기현	도쿄시	사이타마현	지바현
땅끝마을의천연수	1620410	1231120	1201090	5120500	1367630	1437810
마파람차	1000650	751200	729000	6285300	761250	830550
베리베리정제즙	818400	536700	558300	6179250	779550	848400
비타민골드	1429200	870600	625800	8218800	1385000	1327800
상쾌소다	2604600	1734960	2940240	6290400	2535360	2341920
시큼레몬	3454500	2604980	2384200	8652980	3249400	3730720

합계 : 매출금액	열 레이블					
행 레이블	도쿄시	가나가와현	군마현	도치기현	사이타마현	지바현
땅끝마을의천연수	5120500	1620410	1231120	1201090	1367630	1437810
마파람차	6285300	1000650	751200	729000	761250	830550
베리베리정제즙	6179250	818400	536700	558300	779550	848400
비타민골드	8218800	1429200	870600	625800	1385000	1327800
상쾌소다	6290400	2604600	1734960	2940240	2535360	2341920
시큼레몬	8652980	3454500	2604980	2384200	3249400	3730720

① '도쿄시'라는 제목의 셀 상단에 마우스 포인터를 맞추고 ↓가 표시되는 시점에 마우스를 클릭하면 도쿄시 데이터의 열 전체를 선택할 수 있다. ② 선택된 사각 틀 위에 마우스 포인터를 맞추고 왼쪽으로 드래그하여 맨 앞으로 이동시키자.

필터로 '도쿄지사'가 담당한 매출만 필터링

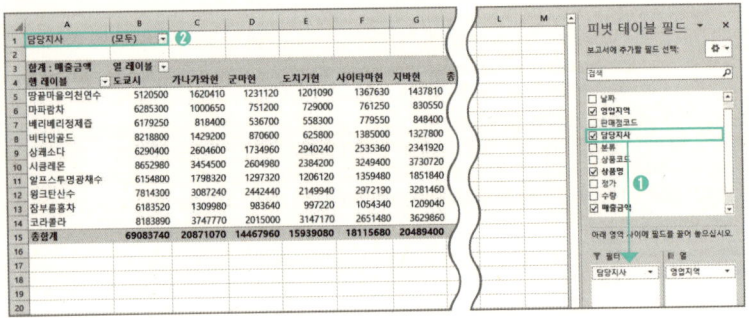

① 필드 목록의 '담당지사'를 배치 목록의 '필터' 상자 안으로 드래그하면 ② 피벗 테이블 좌측 상단에 '담당지사'라고 적힌 셀이 생성된다.

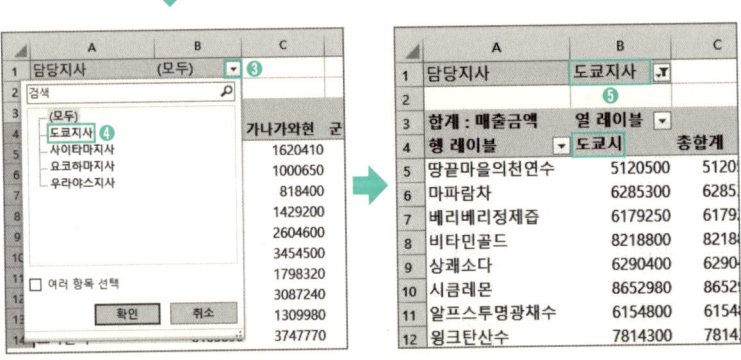

③ 필터가 추가된 곳에서 ▼를 클릭하여 ④ '도쿄지사'를 선택한 다음 '확인' 단추를 누르면, ⑤ '도쿄지사'가 담당하는 지역의 매출 데이터만 피벗 테이블에 집계된다.

름을 이곳으로 드래그하면 피벗 테이블의 좌측 상단에 '담당지사'라는 이름의 필터가 표시된다.

필터의 조작 방법은 37쪽에서 소개한 일반적 필터 사용법과 거의 동일하다. 필터 단추 ▼를 클릭하면 열리는 창에서 '도쿄지사'를 클릭하여 선택하면 된다. 다만 클릭 가능한 항목은 1개뿐이므로 '도쿄지사'와

'우라야스지사' 등 복수의 조건을 선택하고 싶은 경우에는 먼저 하단의 '여러 항목 선택'에 체크 표시를 넣어준다. 그러면 선택란이 일반 필터와 같은 대조표 형식으로 바뀌므로 복수의 항목을 선택할 수 있다.

이제 '확인'을 클릭하면 필터가 실행되어 '도쿄지사'와 관련된 매출 데이터만 표시된 보고서 내용으로 바뀐다. 참고로 열 레이블의 '영업지역'이 '도쿄시' 항목만으로 바뀐 것은, 원본 데이터 상에서 도쿄지사가 담당하는 지역이 도쿄시 외에는 없기 때문이다.

필터를 해제하여 모든 데이터를 대상으로 하는 원래의 피벗 테이블로 되돌리려면 다시 ▼를 클릭하여 '(모두)'를 선택한 다음 '확인' 단추를 누르면 된다.

보고서 내용의 값 영역을 '합계' 이외로 변경한다

마이가 피벗 테이블을 작성했을 때, 필드 목록에서 '매출금액'을 '값' 상자로 드래그하면 별도로 아무 지정을 하지 않았는데도 자동으로 합계가 표시되었다. **피벗 테이블에서는 금액이나 수량 등 숫자 필드를 '값'에 추가하면 합계를 구하는 구조로 초기 설정되어 있기 때문**이다. 그러나 합계 말고, 가령 매출금액의 평균을 구하고 싶은 경우에는 어떻게 하면 될까.

피벗 테이블의 집계 방법은 나중에 원하는 대로 얼마든지 변경할 수 있다. 일단 '합계'로 보고서를 작성했더라도, '셀의 개수' '평균' '최댓값' '최솟값' 등 원하는 형식으로 변경하는 방법이 있기 때문이다.

보고서 형식을 '평균'으로 변경한다

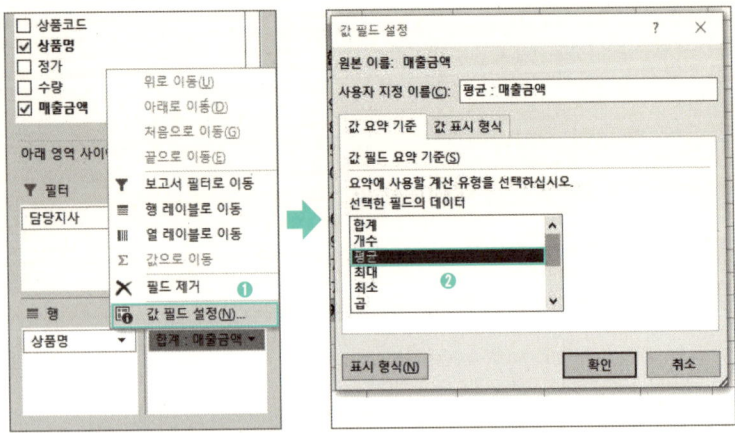

① '값' 상자 안의 '합계: 매출금액'을 클릭하여 '값 필드 설정'을 선택한다. ② '선택한 필드의 데이터' 목록에서 '평균'을 클릭한 다음 '확인' 단추를 클릭한다.

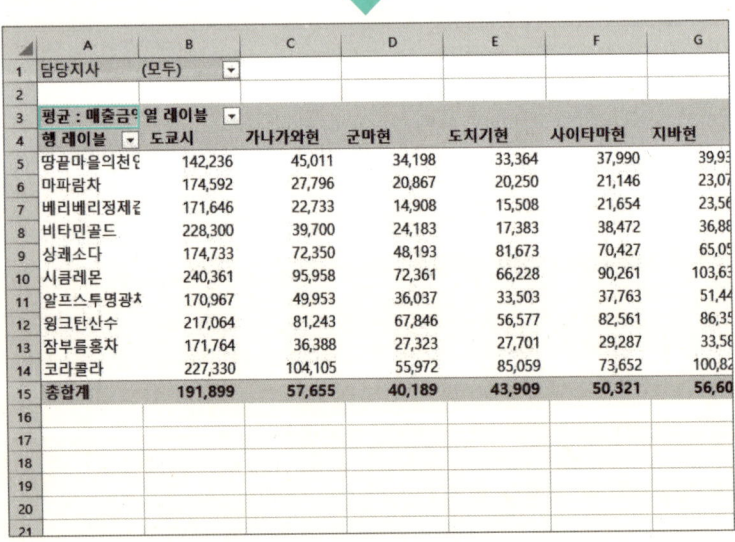

집계값이 평균으로 바뀌어 피벗 테이블의 좌측 상단에 '평균: 매출금액'이라고 표시된다. 163쪽 하단 화면의 순서를 참고하여 숫자를 정수로 바꾸면 보기 쉬워진다.

168쪽의 순서를 참고하여 '합계'를 '평균'으로 변경해보자. 우선 집계 내용을 다시 설정하려면 **'값 필드 설정'** 화면을 열어야 한다. 그러기 위해서는 '값' 상자 안의 '합계: 매출금액'을 클릭한 다음 '값 필드 설정'을 선택하면 된다.

'값 필드 설정' 창에서 '선택한 필드의 데이터' 목록에서 '평균'을 선택한 다음 '확인' 단추를 클릭하면 화면은 닫히면서 피벗 테이블 보고서가 평균으로 바뀐다.

아울러 평균은 나눗셈을 하여 구해지므로, 계산 결과가 딱 떨어지지 않아 소수점 아래까지 표시되는 셀이 생길 때가 많다. 이것을 막으려면 163쪽 하단의 화면 순서에 따라 집계값의 셀을 모두 선택한 다음 '쉼표 스타일'을 설정한다. 그러면 숫자에 천 단위로 쉼표가 들어갈 뿐만 아니라, 소수점 이하의 끝수는 반올림하여 정수로 바뀐다. 훨씬 깔끔해 보인다.

피벗 테이블을 갱신한다

피벗 테이블은 자동으로 갱신되지 않는다. 그래서 **원본 데이터의 변경으로 인해 금액이나 상품명이 바뀔 경우에는 피벗 테이블에서도 '갱신'이라는 조작을 해야 한다.** 그러지 않고 단지 파일만 새로 여는 것으로는 기존에 작성한 보고서의 내용이 최신 상태로 바뀌지는 않는다.

피벗 테이블의 갱신이 가능한 경우는 두 가지이다. 하나는, 데이터

피벗 테이블을 갱신한다

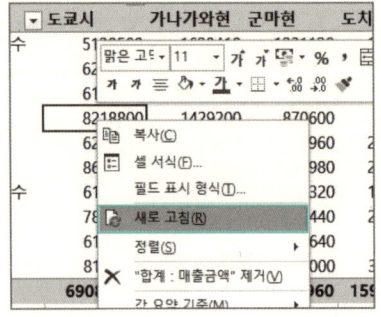

원본 데이터를 변경했을 경우, 피벗 테이블 임의의 셀 안에서 마우스 오른쪽 단추를 클릭하여 '새로 고침'을 선택하면 보고서를 최신 상태로 갱신할 수 있다.

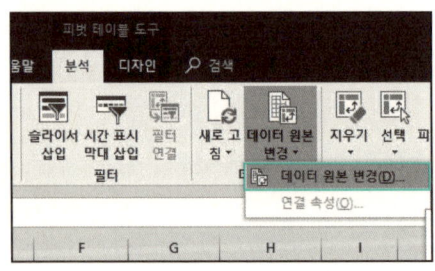

데이터 원본에서 데이터를 새로 추가하여 데이터 범위가 확장되었을 경우에는 '분석' 탭의 '데이터 원본 변경' → '데이터 원본 변경'을 클릭하여 160쪽의 '피벗 테이블 작성' 화면을 다시 열어준다. 여기서 '원본 데이터의 값/범위'로 표시된 셀 범위를 새로 지정하면 된다.

 원본에서 기존 데이터의 내용만 수정했을 뿐 셀 범위는 변하지 않은 경우이다. 이럴 때는 **피벗 테이블 안에서 마우스의 오른쪽 단추를 클릭하여 '새로 고침'을 선택하기만 해도 변경 부분이 작성된 보고서에 그대로 반영된다.**

 또 하나는, 새로운 매출 데이터 등을 데이터 원본의 맨 마지막 행에 추가했을 경우이다. 이때는 데이터 원본의 셀 범위가 확장된다. 하지만 피벗 테이블의 '새로 고침' 기능은 셀 범위의 확장 영역까지 반영해주지는 않는다. 그래서 이 경우 **'분석' 탭의 '데이터 원본 변경'을 클릭**

하는 조작이 필요하다.

'데이터 원본 변경'을 선택하면, 160쪽의 '피벗 테이블 작성' 화면이 다시 열린다. 여기서 '원본 데이터의 값/범위'로 표시된 셀 범위를 추가된 데이터가 포함되도록 다시 지정한다. 그런 다음 '확인'을 클릭하여 화면을 닫으면 피벗 테이블의 내용이 최신 상태로 갱신된다.

복습하기

① 피벗 테이블을 사용하면 함수나 수식을 입력하지 않아도 상품이나 담당자별로 집계된 보고서를 작성할 수 있다.
② 피벗 테이블에서도 필터를 사용하여 보고서에 집계된 내용 중 필요한 부분만 뽑아낼 수 있다.
③ 데이터 원본에 변경이 생겼을 경우 피벗 테이블을 최신 상태로 유지하려면 '새로 고침' 기능을 통해 피벗 테이블을 갱신한다.

5

숫자는 반드시 '시각화' 하자!

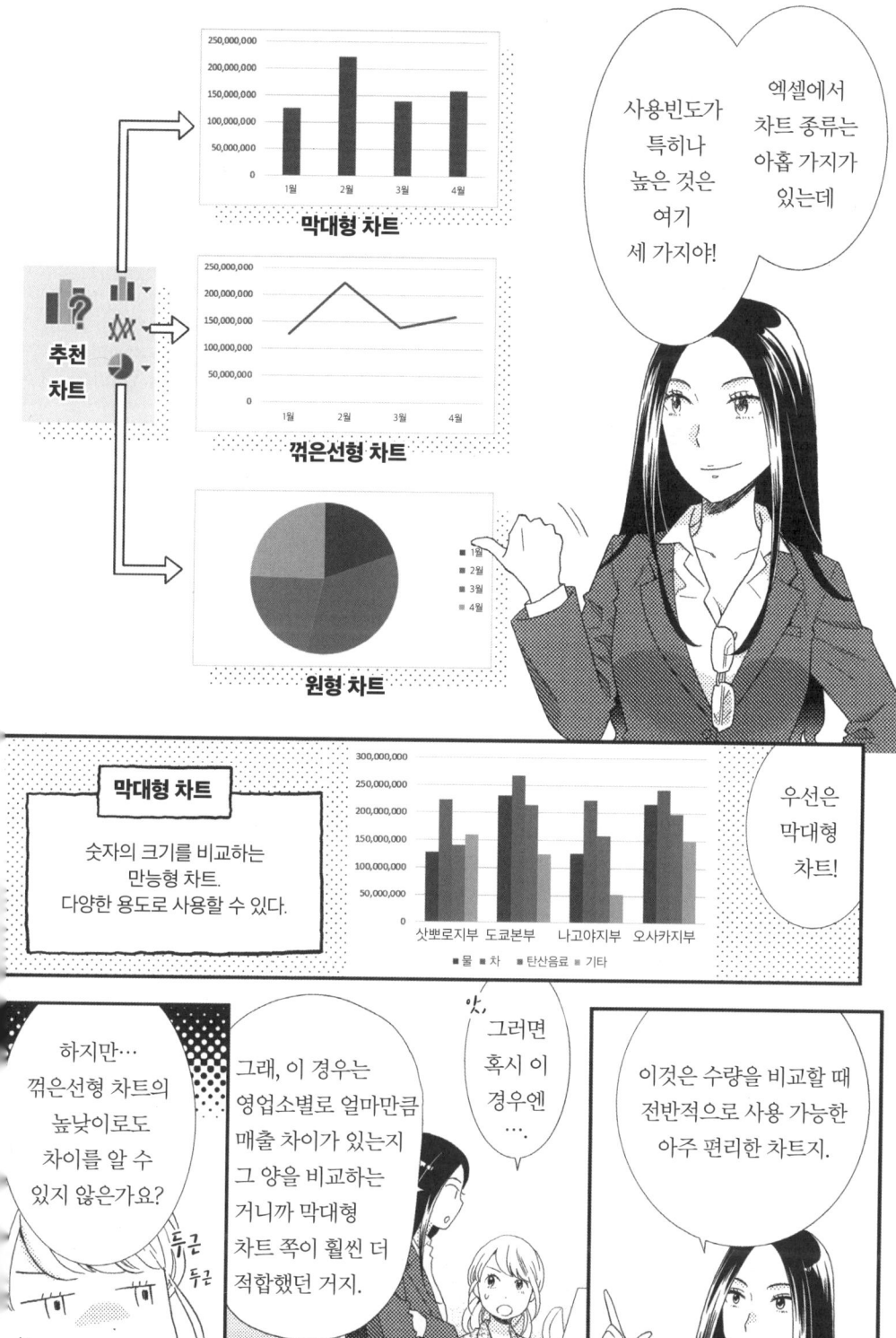

문제 : 아래 표에 적합한 차트를 고르시오.

'잠부름홍차' 음용법 설문조사							
							(건: 복수 응답)
	20대 남성	20대 여성	30대 남성	30대 여성	40대 남성	40대 여성
일어나자마자 마신다	23	18	15	16	12	19
아침식사 때 마신다	15	18	13	15	16	12
점심식사 때 마신다	56	84	56	96	58	86
저녁식사 때 마신다	32	36	21	26	23	36
간식 때 마신다	40	69	52	71	52	69
퇴근 후 피곤할 때 마신다	56	75	32	35	21	38

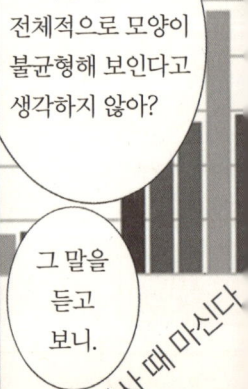

마침내 발표 당일
회의실
움찔 움찔
걱정 마, 마이라면 문제없어.
꾸욱
교코 선배님.
지금까지 열심히 해왔잖아.
스윽
이것이 그 증거야.
뭐야 이거! 이럴 수가!
우우우
싱긋 싱긋
하지만
에지리 마이의 하루
엑셀 특훈
취침
조식
발표준비
중식
외근
발표준비
석식
특별훈련에 할애한 시간 추이
정말 감사합니다!
왠지 긴장이 풀린 것 같아요!
마이라면 걱정 없어.
자신감을 갖고 임하면 돼.
네엡!
다녀오겠습니다!

CHECK POINT

필수 차트는 세 가지 최적의 종류를 선택한다

'막대형' '꺾은선형' '원형' 중에서 적절히 골라 사용

 차트를 만드는 목적은 숫자의 '시각화'이다. **숫자를 보는 것만으로는 이미지를 얼른 떠올리기 어려운 크기의 차이나 변화 등도, 차트를 통해 시각적으로 처리하면 한눈에 파악할 수 있다.** 차트의 종류는 다양하지만 금액이나 수량을 비교하는 일반적인 자료라면, **'세로 막대형' '꺾은선형' '원형' 등 세 가지만 다룰 줄 알아도 충분하다.** 먼저 이 세 가지 차트의 차이점부터 알아보겠다.

 차트 하면 가장 먼저 떠오르는 것이 막대형이다. 막대형 차트는 숫자의 비교가 필요한 경우 대부분 사용이 가능하다. 그러므로 어떤 종류를 선택할지 선뜻 정하기 어렵다면 일단 세로 막대형으로 시작한다.

 꺾은선형 차트는 시간 경과에 따른 변화나 순위 변동을 보여주고 싶

기본 차트는 '세로 막대형' '꺾은선형' '원형' 등 세 종류

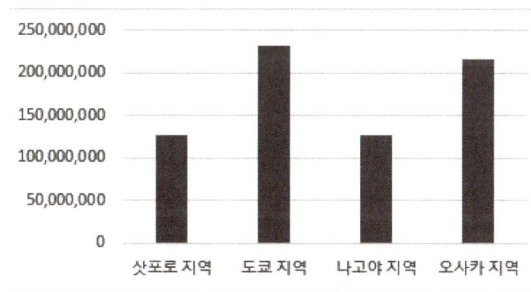

● 세로 막대형 차트
숫자를 비교할 때 어떤 경우라도 사용이 가능한 편리한 차트. 가로축에는 지점이나 상품명 등의 항목 외에 연도, 분기, 월 등 시계열 항목의 지정도 가능하다.

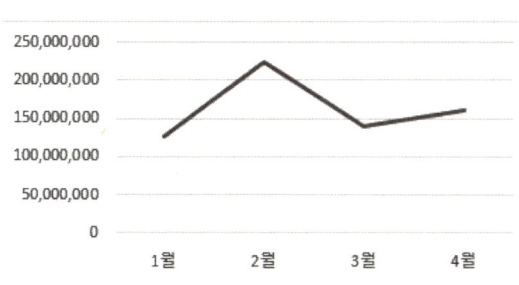

● 꺾은선형 차트
시간 경과에 따른 수량, 순위의 변화를 나타내는 차트. 가로축에 지정할 수 있는 것은 연도, 분기, 월 등의 시계열 항목으로 한정된다.

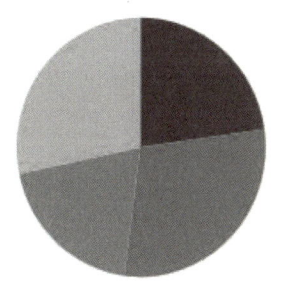

■ 삿포로 지역
■ 도쿄 지역
■ 나고야 지역
■ 오사카 지역

● 원형 차트
하나의 내용을 선택하여 내역이나 비율을 나타낼 때 쓴다. 비율 차이가 큰 데이터를 표현하는 데 안성맞춤이다. 데이터의 차이가 작을 때는 '100% 기준 누적 세로 막대형' 차트(195쪽 참조)를 선택하는 것이 좋다.

금액이나 수량을 비교할 때는 세로 막대형, 꺾은선형, 원형 등 세 가지 차트만 알고 있어도 충분히 대응할 수 있다. 우선 이 세 가지 차트 사용법부터 확실히 알아두자.

을 때 사용한다. 따라서 그 특성상 가로축에는 날짜 등 시계열 항목을 배치하는 것이 원칙이다. 원형 차트는 한 가지 내용을 선별하여 구성 요소의 내역을 살펴보고자 할 때 사용한다. 매출의 구성 비율 등을 한 눈에 알아보고 싶을 때 쓰면 편리하다.

우선 차트를 선택할 때 가장 자주 범하는 실수부터 짚고 넘어가겠다. 아래의 꺾은선형 차트를 보고 무엇이 잘못되었는지 알겠는가? 가로축의 '삿포로지부' '도쿄본부' 등은 시간의 경과와는 무관한 항목이다. 꺾은선형 차트는 시간의 경과에 따른 숫자의 변화를 나타낼 때 사용하면 좋다. 이 예처럼 **상품명이나 지점명 등 시계열이 아닌 항목을 가로축에 표시하고 싶다면, 꺾은선형이 아닌 세로 막대형 차트를 선택**해야

꺾은선형 차트의 가로축은 반드시 시계열 항목으로!

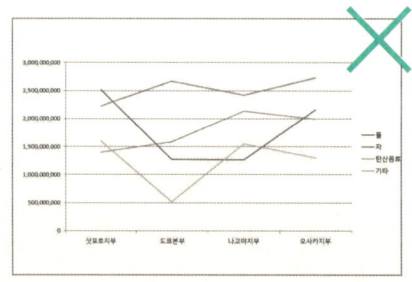

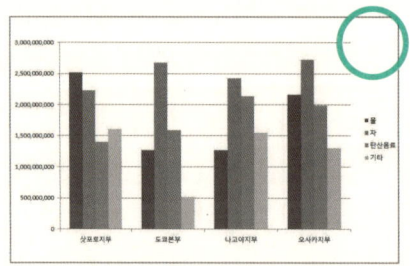

위의 꺾은선형 차트는 가로축에 지부명을 넣었는데 이런 선택은 옳지 못하다. 시간의 경과와 무관한 비교는 아래 그림처럼 막대형 차트를 고르는 것이 바람직하다.

서로 비교하기가 용이한 효율적인 차트를 만들 수 있다.

그렇다고 가로축에 시계열 항목이 오니까 무조건 꺾은선형 차트를 선택해야 하는 것은 아니다. 예를 들어 아래 그림은 꺾은선형, 세로 막대형 둘 다 가로축에 분기 항목을 배치하고 있지만 두 가지 다 사용이 가능하다. 그렇다면 가로축에 시계열 항목을 두는 경우, 세로 막대형 차트와 꺾은선형 차트는 어떻게 구분하여 쓰는 것이 좋을까? **순위나 추이를 강조하고 싶으면 꺾은선형 차트, 그럴 의도 없이 단지 수량의 차이를 나타내는 경우는 세로 막대형 차트를 선택**한다.

어떤 차트를 선택할지 고민될 때는, 우선 무엇을 어필하고 싶은지를 생각한다. 그에 따라 무엇을 선택할지가 저절로 정해진다.

'무엇을 강조하는가'로 '꺾은선형'과 '세로 막대형'을 구분하여 사용

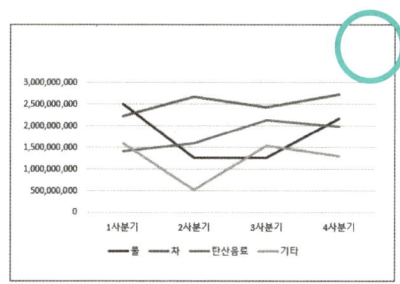

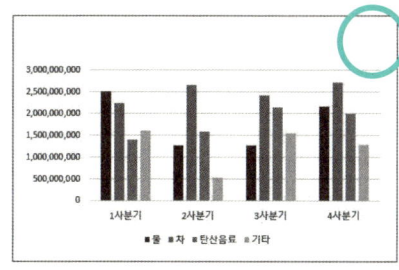

가로축에 분기 항목을 배치한 경우 꺾은선형 차트와 세로 막대형 차트 두 가지 다 사용할 수 있다. 다만 순위나 변화를 보여주고 싶으면 꺾은선형 차트를, 수량 차이를 강조하고 싶다면 세로 막대형 차트를 선택하자.

나란히 둘지, 위로 누적시킬지 결정

세 가지 차트 중에서도 가장 자주 쓰이는 것은 두말할 것도 없이 막대형 차트이다.

막대형 차트 중에서도 특히 세로 막대형을 사용할 때는 다시 **'묶음형' '누적형' '100% 기준 누적형'** 등 세 종류로 세분화할 수 있다. 옆 페이지 그림을 참고하여 적절한 것을 선택한다. 참고로 막대형 차트에서는 색으로 분류된 하나하나의 막대를 **'계열'**이라고 부른다.

가장 일반적인 종류는 **'묶은 세로 막대형 차트'**이다. 계열을 옆으로 늘어놓아 만드는 차트인데, 막대의 길이로 항목 간의 단순 비교를 할 경우 사용한다. 서로 다른 계열을 층 쌓기 놀이하듯이 막대 하나로 통합시킨 형태의 차트도 있는데 여기에는 역시 두 종류가 있다.

하나는 옆으로 늘어놓았던 계열을 단지 하나의 막대 위로 쌓아 올리는 **'누적 세로 막대형 차트'**이다. 막대의 길이를 통해 개별 숫자의 크기와 전체적인 크기 등 양쪽 모두를 한눈에 비교할 수 있는 것이 특징이다. 따라서 매출 총액과 그것을 구성하는 각 상품의 매출금액 등 양쪽 모두를 비교 검토할 때 아주 유용하다.

다른 하나는 **'100% 기준 누적 세로 막대형 차트'**라고 하는데, 각 계열을 하나의 막대 위로 쌓아 올리는 점에서는 '누적 세로 막대형 차트'와 같다. 다만, 막대의 상단 위치를 일정하게 맞췄다는 것이 특징이다. 전체를 100%로 환산했을 때의 비율을 나타내고자 할 때 쓰이는 막대 차트이기 때문이다. 따라서 막대 하나의 전체 길이는 같고, 각 막대에서 차지하는 계열의 길이가 비율이나 내역을 나타내게 된다.

세로 막대형은 다시 세 종류로 나뉜다

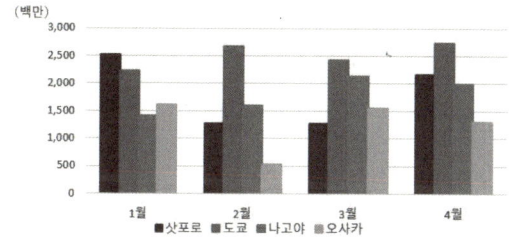

● **묶은 세로 막대형 차트**
내용을 나타내는 막대를 옆으로 늘어놓은 차트. 복수의 항목을 단순 비교할 경우 사용한다.

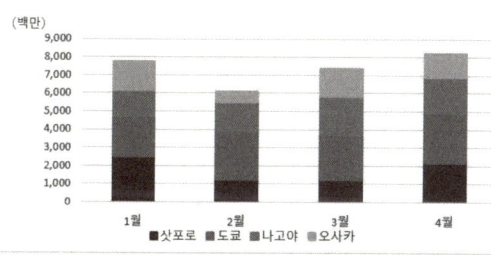

● **누적 세로 막대형 차트**
내용을 나타내는 막대를 위로 쌓아올린 차트. 개별 숫자뿐만 아니라 전체적인 양도 함께 비교하고 싶을 때 사용한다.

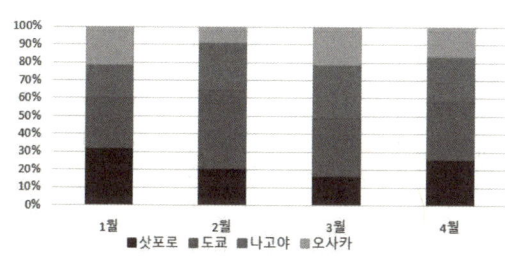

● **100% 기준 누적 세로 막대형 차트**
내용을 나타내는 막대를 위로 쌓아올리되 100% 기준으로 환산했을 때의 비율을 나타내는 차트. 항목 간 내역을 비교하고 싶을 때 사용한다.

세로 막대형 차트를 만들 때는, 목적에 맞춰 '묶은 세로 막대형' '누적 세로 막대형' '100% 누적 세로 막대형' 등 세 가지 중에서 적절한 종류를 선택하자.

참고로 내역은 보통 원형 차트를 사용하는데, 원형 차트로 표시할 수 있는 것은 하나의 내용에 관한 내역뿐이다. 하지만 '100% 기준 누적 세로 막대형 차트'라면, 복수의 막대를 나란히 배치할 수 있으므로 항목 간 내역 차이를 비교할 때 대단히 유용하다.

설문조사에 유용한 '가로 막대형 차트'

막대형 차트에는 '세로 막대형 차트' 외에 **'가로 막대형 차트'**도 있다. 막대를 왼쪽에서 오른쪽으로 늘려가는 형태이다. 하지만 보통은 가로 막대형 차트보다 세로 막대형 차트를 우선적으로 사용하게 마련이다. 아래에서 위로 늘려가는 세로 막대형 차트가 **숫자의 대소를 파악하는 데 시각적 효과가 높기 때문**이다. 가로 막대형 차트는 어디까지나 보조로 사용할 따름이다.

마이가 교코에게 지적받은 것처럼, 세로 막대형 차트의 가로축에 배치한 항목명이 길어서 전체적으로 모양이 보기 좋지 않을 때 어쩔 수 없이 차선책으로 사용한다. 201쪽에 세로 막대형 차트를 가로 막대형 차트로 변경하는 방법이 소개되어 있으니 참고하자.

항목 축이 회전하여 세로가 되면, 글자는 저절로 한 줄의 가로쓰기로 이어지므로 길어도 읽는 데 불편함이 없다. 가로 막대형 차트의 이런 특성 때문에 설문조사 결과의 보고서 작성 시 자주 쓰인다. 사람의 의견을 묻는 설문조사에서는 설문 내용이 길어지는 경우가 많기 때문이다. 가로 막대형 차트로 하면, **표에 입력한 것과 같은 설문 내용을 차트에서도 아무런 불편 없이 읽을 수 있게 된다.**

항목이 긴 경우 '가로 막대형'으로 한다

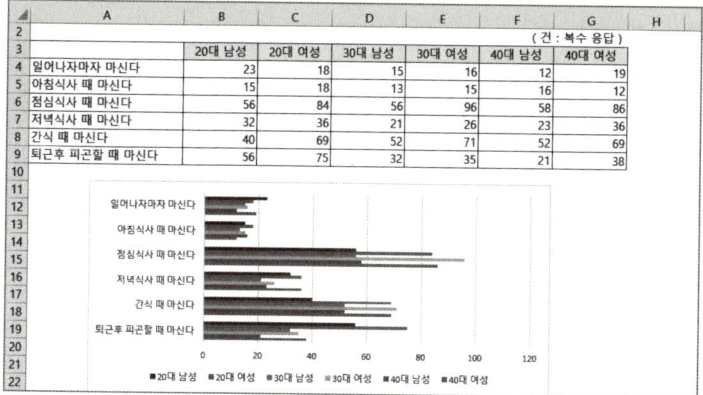

세로 막대형 차트에서는, 가로축의 폭이 좁으므로 긴 글은 배치하기 어렵다. 일반적으로 제목의 글자 수가 많은 설문조사 등의 경우 가로 막대형 차트를 선택하면 항목명이 한 줄로 이어져 읽는 데 불편함이 없다.

> **복습하기**
>
> ① 사용 빈도가 높은 차트는 '세로 막대형' '꺾은선형' '원형' 등 세 가지. 우선 이 세 가지를 각각 어떤 상황에서 사용하는지를 마스터하는 것이 효율적.
> ② 세로 막대형 차트는 다시 '묶은 막대형' '누적 막대형' '100% 기준 누적 막대형' 등 세 종류로 나뉜다.
> ③ 가로 막대형 차트는 세로 막대형 차트의 변형. 설문조사 같은, 세로 막대형 차트로는 해결하기 힘든 장문의 항목명을 읽는 데도 불편함이 없도록 만들어준다.

CHECK POINT

차트를 만들 때
알아야 할 포인트

셀의 '과부족' 없는 선택이 차트 작성의 비결

차트를 만들려면 우선 표에서 셀 하나를 선택한다. 이때 미리 차트의 순서도, 즉 '가로축에 분기 입력' '상품 분류별로 막대를 다른 색으로 지정' 따위의 메모를 작성해두면 그것을 보면서 작업을 진행할 수 있으니 아주 편리하다.

셀은 차트 작성에 필요한 최소한만 선택하자. 옆 페이지의 예에서는 가로축에 표시한 '분기'와 '상품 분류' 그리고 차트에 적용할 수치인 '금액'을 모두 셀 범위로 선택하였지만, 합계 같은 **차트하고는 상관없는 셀은 선택하지 않았다.**

이어 '삽입' 탭 → '차트' 그룹에서 차트의 종류를 선택한다. 세로 막대형 차트의 경우는 '세로 막대형/가로 막대형' 등을, 꺾은선형 차트의

막대형 차트나 꺾은선형 차트 만들기

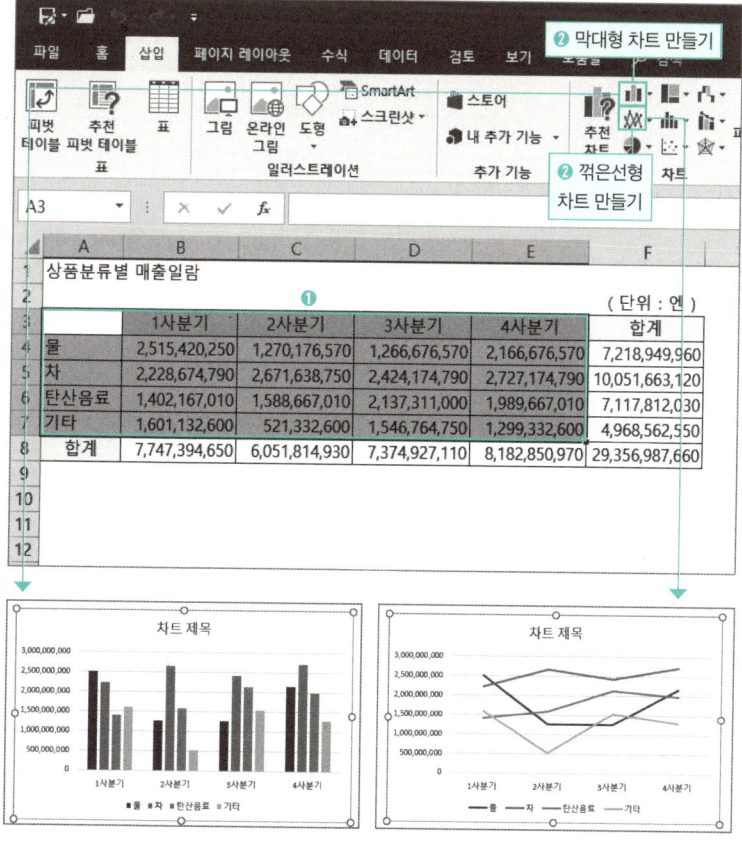

세로 막대형 차트나 꺾은선형 차트를 만들려면 ① 차트에 넣고 싶은 항목과 숫자가 입력된 셀을 선택하고 ② '삽입' 탭 → '차트' 그룹에서 원하는 단추를 눌러 차트의 종류를 정한다.

원형 차트 만들기

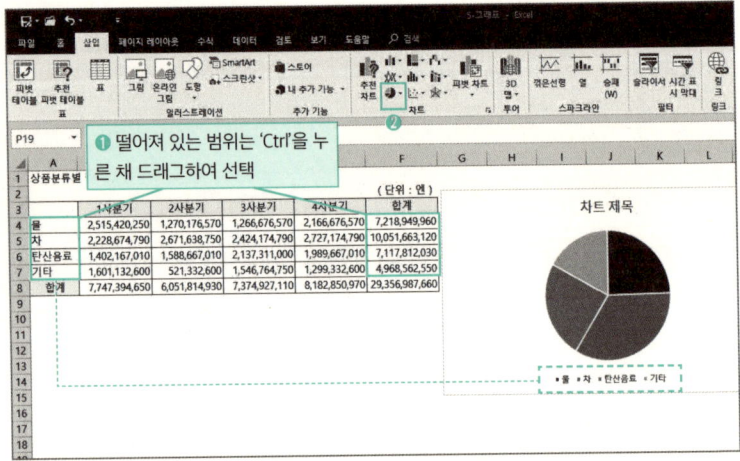

원형 차트를 만들려면 ① 범례 항목과 원형 안에 부채꼴로 만들고 싶은 숫자 등 두 곳의 셀을 선택하고 ② '삽입' 탭 → '차트' 그룹에서 원하는 단추를 눌러 '원형 또는 도넛형'의 차트를 정한다.

경우는 '꺾은선형/영역형' 등의 종류를 클릭하면 차트를 만들 수 있다.

원형 차트를 작성하는 경우 두 곳의 셀을 선택한다. **차트로 만들고자 하는 숫자 셀과 '범례'의 셀이다.** 여기서 범례란 원형 차트 안에서 각각의 부채꼴이 가리키는 항목으로 기본값은 차트 아래에 표시되는데 위치 변경도 가능하다. 위의 예에서는, 상품 분류별 금액 내역의 원형 차트를 만드니 합계 금액 셀과 상품분류를 입력한 셀을 선택해야 한다.

둘은 서로 떨어져 있으므로, A열 항목 셀을 먼저 드래그하여 선택한 다음, 다시 'Ctrl' 키를 누르며 F열의 합계 셀을 드래그하여 선택한다. 이 방법으로 떨어진 셀 범위의 동시 선택이 가능하며, 그다음 '삽입' 탭의 '차트' 그룹에서 원하는 원형 차트를 선택한다.

차트의 종류는 언제든 변경할 수 있다

차트의 종류는 작성 후 언제라도 변경할 수 있다. 혹시 세로 막대형 차트를 만들었는데, 가로축 항목명 글자 수가 너무 길어 한 줄에 표시되지 않았던 경험은 없는가? 항목명 글자 수가 많으면 한 줄에 다 표기하지 못해 여러 줄에 걸쳐 나타날 수도 있다. 당연히 주변과 균형을 이루지 못하고 보기 흉한 모양이 된다.

이 경우 세로 막대형 차트를 가로 막대형 차트로 변경한다. 일단 만들어진 차트라면 차트상에서 **마우스 오른쪽 단추를 클릭하여 '차트 종류 변경'을 선택하면 다른 종류의 차트로 손쉽게 변경할 수 있다.** 새로운 차트를 처음부터 다시 만들지 않아도 되니 시간과 수고를 덜 수 있다.

그런데 변경 후에 다시 새로운 문제가 발생했다. 세로 막대형 차트를 가로 막대형 차트로 변경하면 가로와 세로의 역할도 바뀌기 때문에, 가로 막대형 차트에서는 세로축에 항목명이 표시된다. 이때 항목이 아랫부분부터 위로 표시되므로 원본 데이터하고는 제목의 순서가 역순으로 바뀌게 된다. 이대로 두면 원본 데이터와 비교하기가 불편하므로 세로축 항목의 배열을 원본 데이터와 같아지도록 변경할 필요가 있다.

이처럼 차트의 일부 설정을 변경할 때는 우선 **변경하고자 하는 지점에서 마우스 오른쪽 단추를 클릭하여 '축 서식'이라는 메뉴를 선택**한다. 그러면 오른쪽에 '축 서식' 작업 창이 열리고 거기서 상세 부분의 변경을 할 수 있다.

'축 위치'에 가면 하단에 '항목을 거꾸로'라는 메뉴가 있는데 그 앞

세로형 차트를 가로형 차트로 변경한다

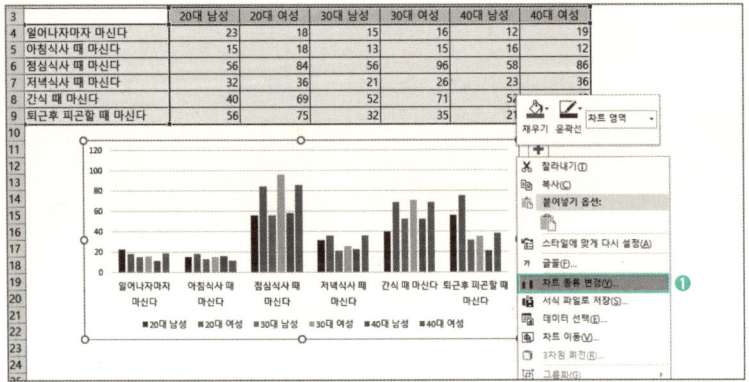

차트의 종류를 변경하려면 차트 위에서 마우스 오른쪽 단추를 클릭한 다음 ① '차트 종류 변경'을 선택한다.

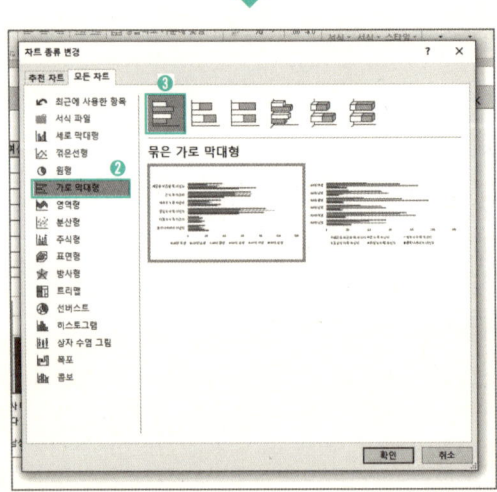

'차트 종류 변경' 화면에서 ② '가로 막대형'을 선택하고 ③ '묶은 가로 막대형'을 누른 다음, '확인'을 클릭하면, 197쪽과 같은 가로 막대형 차트로 바뀐다.

세로축의 항목 순서를 원본 데이터와 동일하게 만든다

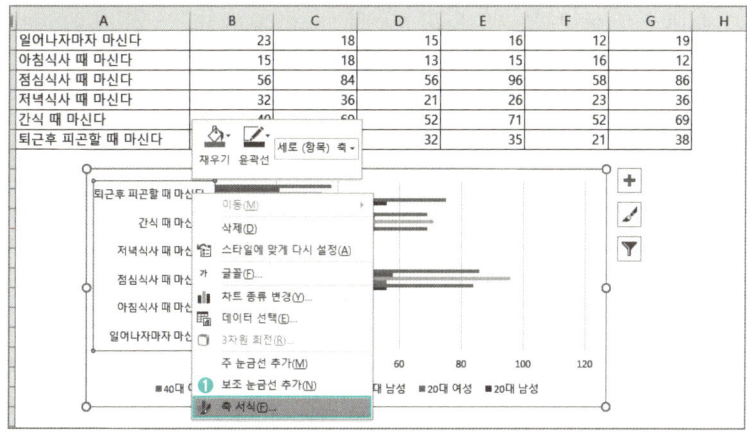

가로 막대형 차트의 세로축에 표시된 항목의 순서를 거꾸로 뒤바꾸려면 차트의 세로축 위에서 마우스 오른쪽 단추를 클릭하고 ① '축 서식'을 선택한다.

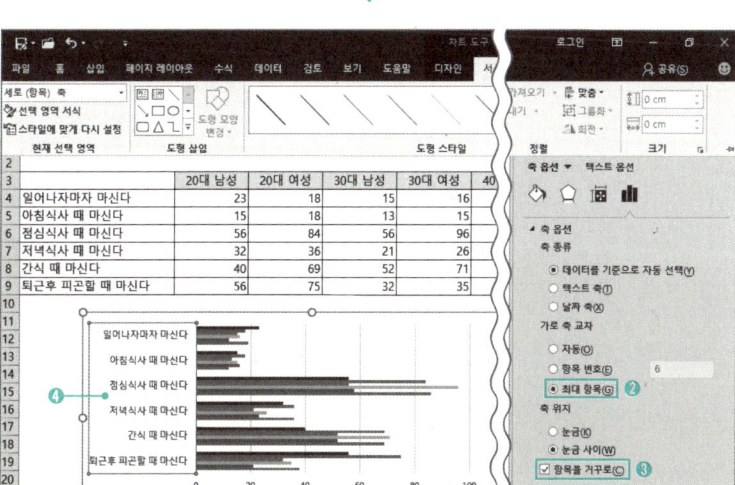

'축 서식' 작업 창에서 ② '가로축 교차' 난은 '최대 항목'을 선택하고, ③ '축 위치' 난은 '항목을 거꾸로'를 선택하여 체크 표시를 넣으면, ④ 항목의 순서가 표와 동일하게 바뀐다.

사각 상자에 체크 표시를 넣는다. 그런데 이것만으로는 가로축의 눈금도 함께 위로 이동하기 때문에 '가로축 교차'에서 '최대 항목'에도 체크 표시를 넣는다. 이러한 절차를 거치면, 203쪽 아래 그림처럼 세로축의 항목이 원본 데이터의 항목과 같은 순서로 바뀐다.

요소 추가는 '+' 단추 클릭

눈금이 표시되는 세로축에 '단위: 엔'이라는 문자를 넣어 숫자의 단위를 알 수 있도록 하려면, **'축 제목'**이라는 요소를 추가한다. 이처럼 **부족한 요소를 차트에 추가하려면 차트를 클릭했을 때 우상에 표시되는 '+' 단추를 사용한다.**

'+' 단추를 클릭하면 체크 목록이 열린다. 현재 차트에 표시되어 있는 요소에는 체크가 들어가 있으며, 더 원하는 것이 있다면 체크를 추가하면 된다. 세로축에 '축 제목'을 추가하고 싶을 때는 마우스를 '축 제목'으로 가져가면 오른쪽에 화살표가 생성된다. 그 화살표를 누르면 열리는 또 다른 펼침메뉴에서 '기본 세로'를 클릭한다. 그리고 세로축에 표시된 범위 안으로 마우스를 가져가서 원하는 문자를 입력하면 된다.

세로 막대형 차트나 꺾은선형 차트를 작성할 때 한 가지 더 알아두어야 할 기능이 있다. 199쪽으로 돌아가, 그림과 같이 표의 범위를 드래그하여 보자. 이 표는 크로스집계표인데, 열 항목명은 시계열로 '각 분기'가, 행 항목명은 '상품분류'가 각각 배치되어 있다.

이 범위를 기초로 세로 막대형 차트를 만들면 이 중 한쪽은 가로축으

세로축에 제목을 추가한다

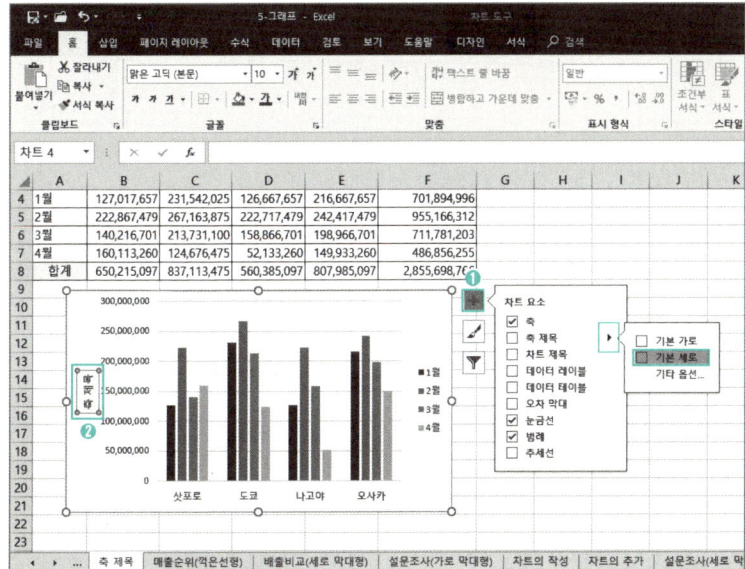

세로축에 '(단위: 엔)'과 같은 문자를 추가하려면 ① '+' 단추 → '축 제목' → '오른쪽의 화살표' → '기본 세로'의 순서로 클릭. ② 세로축에 생성된 '축 제목' 안을 클릭하여 원하는 문자를 입력한다.

로, 다른 한쪽은 범례 항목으로 각각 배치된다. '분기'와 '상품분류' 중 어느 쪽을 가로축으로 하고 어느 쪽을 범례로 할지는 엑셀이 자동적으로 결정한다. 즉 처음에 차트를 작성할 때 지정할 방법은 없다는 뜻이다. 그러므로 완성된 차트를 확인했을 때 자신의 의도와는 다른 결과가 나타나는 경우도 종종 있다.

그런 경우 **완성된 차트를 클릭하여 선택한 다음 '디자인' 탭의 '행/열 전환' 단추를 클릭하면 가로축과 범례의 위치가 뒤바뀐다.**

가로축의 항목과 범례의 계열을 자리바꿈한다

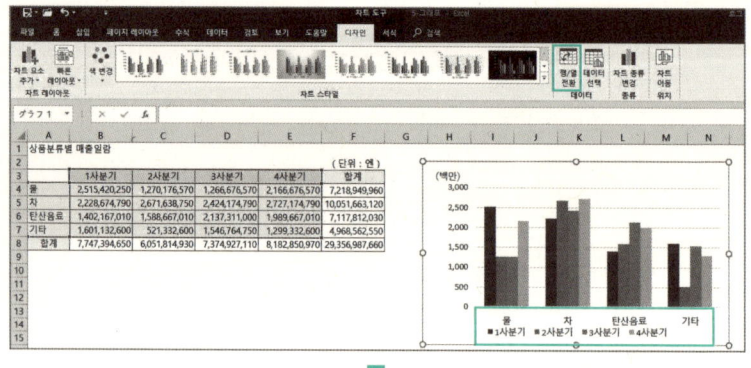

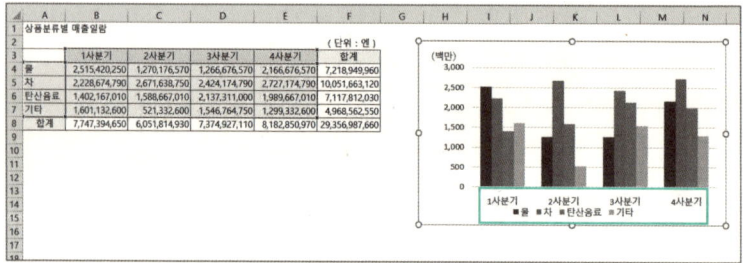

차트의 가로축과 범례의 항목을 서로 자리바꿈하려면 차트를 클릭하여 선택한 다음, '디자인' 탭의 '행/열 전환'을 클릭한다. 이것으로 상품분류와 분기의 위치가 서로 뒤바뀐다.

복습하기

① 차트를 올바르게 작성하려면 차트에 표시하고 싶은 항목이나 숫자의 셀을 과부족 없이 선택하는 것이 포인트.

② 작성한 차트의 종류는 나중에 얼마든지 변경할 수 있다.

③ 차트의 세부내용 변경은 마우스 오른쪽 단추를 클릭하여 '축 서식'을 선택하면 열리는 창에서 설정할 수 있다.

CHECK POINT

셀 안에 직접 표시되도록 하는 '간편 차트' 기능

'데이터 막대'와 '색조' 기능으로 숫자의 시각화

지금까지 살펴보았듯이 차트는 숫자를 시각화하는 데 없어서는 안 될 매우 중요한 기능이다. 다만 차트를 정식으로 만들려면 아무리 간단한 내용이라도 시간이 들게 마련이다. 숫자의 크기를 한눈에 비교하는 것만이 목적이라면 좀 더 간편하게 사용할 수 있는 도구가 있다. 바로 조건부 서식의 '데이터 막대'와 '색조' 기능이다.

'데이터 막대'란 숫자를 가로 막대형으로 차트화하는 기능이다. 사용법은 아주 간단하여 다음 페이지처럼 셀을 드래그하여 선택한 다음 '홈' 탭 → '조건부 서식' → '데이터 막대'를 선택하고 '그러데이션 채우기'와 '단색 채우기' 방식 중에서 원하는 색을 지정하면 된다. 여기서는 '단색 채우기' 방식으로 지정했다. 이 조작만으로 셀의 숫자가 가로 막대형 차트로 일거에 바뀐다.

이때 표시되는 막대의 길이는 상대적인 크기이다. 처음에 선택한 셀 범위 중에서, 가장 큰 숫자와 가장 작은 숫자 사이에서 크기의 비율에 맞게끔 가로 막대의 길이가 정해진다. 이것만 보더라도 어느 분기, 어떤 분류의 매출이 호조를 보이는지 곧바로 파악할 수 있다.

'색조' 기능도 사용하는 방법은 데이터 막대와 완전히 동일하다. **색조에서는, 막대의 길이 대신 색의 그러데이션으로 숫자의 크기가 표현된다.**

옆 그림을 보면 알 수 있듯이, 숫자의 크기가 클수록 초록빛이 강해지고 크기가 작을수록 빨강이 진해지는 디자인을 선택했다(여기서는 단색으로만 나타냈다). 그 결과를 보면 '차'는 1년 내내 녹색 계열의 색조를 띠

'데이터 막대'는 숫자를 가로 막대형 차트처럼 꾸며준다

각 분기의 매출금액을 가로 막대형 차트로 비교하려면 ① 셀을 선택하고, '홈' 탭의 '조건부 서식' → ② '데이터 막대'를 클릭하여 차트의 색을 지정한다.

'색조' 기능으로 숫자를 색의 그러데이션으로 표시한다

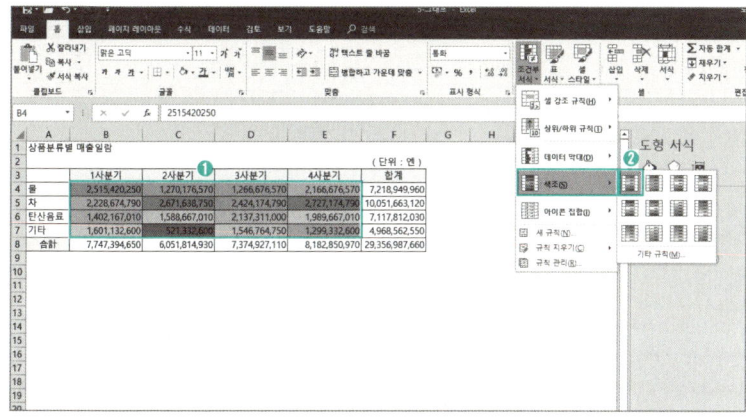

① 각 분기의 매출금액의 셀을 선택하고 '홈' 탭의 '조건부 서식' → ② '색조'를 클릭하여 원하는 색을 선택하면, 숫자의 크기가 색조의 차이로 표시된다.

고 있는 사실로 보아 전반적으로 매출세가 호조라는 점, 반면 빨강이 두드러져 보이는 '기타'의 분류는 매출이 부진하다는 것을 알 수 있다. 전반적인 경향을 한눈에 직관적으로 알고 싶을 때 사용하면 좋다.

복습하기

① '데이터 막대'를 사용하면 셀 안의 숫자를 가로 막대형 차트처럼 꾸며주기 때문에 굳이 차트를 만들지 않더라도 숫자의 크기를 한눈에 파악할 수 있다.
② '색조' 기능을 사용하면 셀 안의 숫자를 크기에 따라 색의 그러데이션으로 표시할 수 있다. 따라서 색의 변화로 전반적인 경향이나 편향을 직관적으로 파악하고 싶을 때 매우 유용하다.

◀ 오른쪽에서 왼쪽으로 읽어주세요.
마이의 엑셀 이야기-종장
Goodrink
사장님…과 교쿄 선배님!?
교코 비서가 사실은 사장님의 친척이래.
외근하느라 고생했어
엣, 정말 입니까!?
그리고
사실은 국내외 일류 기업들이 영입하기 위해 열을 올렸다는데
우리 회사를 떠나기 싫어서 그냥 있는 거라네.
암튼 별난 사람임에는 틀림없는 거 같아.
아, 왠지 멋져!
동경 동경
그냥 소문이 그렇다는 거지만.
교코 선배님….
그랬군요….
마이도 맥주 마실래?
응?
타닥 타닥 타닥 타닥
BEER 生

만화로
배우는
엑셀

초판 1쇄 인쇄 2020년 6월 17일
초판 1쇄 발행 2020년 6월 24일

지은이 기무라 사치코
그림 사노 마리나
시나리오 아키나이 쓰네요시
만화 제작 (주)트렌드 프로
옮긴이 신현호
감수 문혜영
펴낸이 이범상
펴낸곳 (주)비전비엔피 · 비전코리아

기획 편집 이경원 차재호 김승희 김연희 이가진 황서연 김태은
디자인 최원영 이상재 한우리
마케팅 한상철 이성호 최은석 전상미
전자책 김성화 김희정 이병준
관리 이다정

주소 우)04034 서울시 마포구 잔다리로7길 12 (서교동)
전화 02)338-2411 | **팩스** 02)338-2413
홈페이지 www.visionbp.co.kr
인스타그램 www.instagram.com/visioncorea
포스트 post.naver.com/visioncorea
이메일 visioncorea@naver.com
원고투고 editor@visionbp.co.kr

등록번호 제313-2005-224호

ISBN 978-89-6322-167-0 03320
      978-89-6322-168-7 (set)

· 값은 뒤표지에 있습니다.
· 잘못된 책은 구입하신 서점에서 바꿔드립니다.

이 도서의 국립중앙도서관 출판예정도서목록(CIP)은 서지정보유통지원시스템 홈페이지(http://seoji.nl.go.kr)와
국가자료종합목록 구축시스템(http://kolis-net.nl.go.kr)에서 이용하실 수 있습니다. (CIP제어번호: CIP2020023362)